SOMMAIRE

I0155286

SOMMAIRE

EN AVION SIMON !

SOMMAIRE

MAYDAY !

QUI EST KARINE DE FALCHI ?

A PROPOS DE CE LIVRE

Fan de voyages et d'aventures au sens large du terme, j'ai toujours eu très peur de prendre l'avion... Mains moites, cœur qui se soulève à chaque secousse ou trou d'air, oreilles bouchées, gorge sèche au décollage, stress ultime à l'atterrissage...! Pour me relaxer, une seule parade a vraiment fonctionné : imaginer en vol des histoires, drôles et quasi impossibles, sur le milieu aérien, sur les passagers et l'équipage. Mon imagination en pleine ébullition m'empêchait d'avoir peur ou de broyer la main de mon voisin, ce parfait inconnu qui me regardait souvent d'un drôle d'air ! Je me suis dit que je ne devais pas être la seule à paniquer à l'idée même d'avoir à commander un billet d'avion sur internet... Résultat, je me suis lancée et j'ai écrit ce manuel de survie pour prendre l'avion !

Sous-couvert d'humour, vous trouverez de nombreuses infos, trucs et astuces, tous vrais et vérifiés, afin de passer le meilleur des vols... oui oui, c'est possible ! Nous commencerons doucement ce voyage avec un petit tour par l'aéroport, puis nous embarquerons rapidement direction diverses méthodes pour contrer les peurs, le jet-lag, sans oublier l'art de faire sa valise ou de trouver des billets pas chers ! Une fois notre billet en poche, zen et rassuré, nous monterons dans l'avion, découvrir à côté de qui nous sommes installés ! Nous essaierons de nous faire surclasser, de dormir ou de passer un bon moment à l'aide films ou de livres... En plein ciel, chahutés par quelques turbulences, nous tenterons de nous rassurer et de savoir quoi faire en cas de crash !

Et bien, notre décollage est imminent... Veuillez redresser votre siège, remonter votre tablette, attacher votre ceinture et vous relaxer ! Je vous rappelle que nos vols sont non-fumeur... mais la pipe est autorisée... avec modération !

BIENVENUE A
L'AEROPORT

UN AVION, COMMENT ÇA MARCHE ?

L'AVION DE LIGNE

L'aile
Les ailes maintiennent l'avion en équilibre dans l'air

L'aileron
Le commandant l'utilise pour diriger l'avion

Le stabilisateur
Il est utile pour permettre à l'avion de rester stable et d'éviter un écart

Réacteur
Il permet de soutenir l'avion dans les airs en le propulsant. Il fonctionne grâce au moteur

Volet d'atterrissage

Fuselage
Corps métallique de l'avion

La queue

Hublot

Cockpit
Le bureau du commandant !

Boites noires
Elles enregistrent les données du vol et les conversations du cockpit. En cas d'immersion, une balise se déclenche et émet un signal

Gouvernail de profondeur
Il gère la hauteur de l'avion dans le ciel

Soute
Compartiment dans lequel sont placées les valises et animaux

Réservoir de carburant
Dans les réservoirs on met du kérosène

Nez
Dans le nez on trouve le transpondeur qui signale l'identification et la position de l'avion. Ce signal est transmis aux avions et aux tours de contrôle.

Quand toutes ces parties et bien d'autres encore fonctionnent, l'avion vole sans souci... par contre si l'une des pièces vient à manquer ou à casser... les problèmes peuvent commencer... mais restons positifs ! D'ailleurs, l'avion c'est le moyen le plus sûr pour voyager... et oui, en 2017, il n'y a eu que 10 accidents provoquant uniquement 44 décès. Magique non ?! C'est la meilleure année depuis 1947. Attendons les chiffres pour 2018 et croisons les doigts pour nos prochains voyages !

QUELLES SONT LES DIFFERENCES ENTRE BOEING ET AIRBUS ?

Boeing ou Airbus ? Comment faire la différence lorsque vous voyez un avion ? Parce qu'on est d'accord, un avion, c'est un avion…tant que ça vole ! Ici, vous allez trouver quelques infos… Bien évidemment, Boeing et Airbus sont des constructeurs, donc ils disposent de nombreux appareils. Nous nous attarderons surtout sur les 2 plus gros porteurs à savoir le A320 et le Boeing 737.

L'Airbus A320 et le Boeing 737 sont les deux plus gros modèles chez chaque constructeur avec 2 étages et 4 réacteurs. Ce sont aussi les plus vendus. De Janvier à Mars 2018, il y a eu 14 500 commandes de Boeing 737 et 14 200 commandes d'Airbus A320.

Pour différencier les deux constructeurs, sachez que l'un est européen : « Airbus » et l'autre américain : « Boeing ».

DIFFERENCIER BOEING ET AIRBUS

Dans un premier temps, en faisant un petit tour dans le cockpit d'un avion, vous ferez la différence entre Airbus et Boeing grâce au manche, qui comme le volant d'une voiture, permet de conduire l'avion, de le diriger. Boeing utilise un « Yoke », tandis qu'Airbus a un « Sidestick ».

YOKE	SIDESTICK

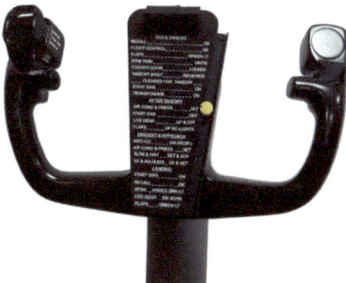 

Le petit plus du Yoke ? Et bien, c'est qu'au moment où le commandant le bouge par exemple à droite, le co-pilote a son Yoke qui bouge également à droite, de la même manière. En cas de problème, le co-pilote saura réagir de la meilleure manière possible pour aider son co-équipier. Chez Airbus, les sidesticks ne fonctionnent pas en simultanée, le co-pilote ne peut donc pas connaître les mouvements effectués par son co-équipier.

Concernant le nez de l'avion, il est légèrement relevé et plus pointu chez Boeing, tandis qu'il est arrondi chez Airbus. Du côté des moteurs, l'A320 est bien rond alors que les moteurs du 737 sont un peu plus applatis.

Maintenant, vous n'avez plus d'excuses… vous allez pouvoir vous la raconter un peu lors des déjeuners en famille !

LES MÉTIERS DE L'AÉROPORT

Un aéroport, comme un avion, est composé de nombreuses personnes... Voici quelques postes clés des métiers que l'on trouve dans un aéroport... Alors, qui fait quoi ?

✈ Agent d'escale
C'est la première personne que l'on voit en général en arrivant à l'aéroport ! Il procède à l'enregistrement des bagages. Si votre enregistrement se déroule mal, vous pouvez vous en prendre à lui !

✈ Agent de vente
L'agent de vente est rattaché à une compagnie aérienne ou a une agence de voyage. Il accueille les clients, leur vend des billets d'avion et peut même s'occuper de réserver des hôtels ou un taxi. S'il y a un problème sur votre commande ou hôtel, vous pouvez vous en prendre à lui !

✈ Agent de Trafic
L'agent de trafic très proche de l'équipage, gère un grand nombre de tâches parmi lesquelles le nettoyage de l'avion, le transport des bagages et des passagers, le ravitaillement du carburant etc...Il est garant de la bonne préparation de l'avion dans un temps imparti. S'il y a du retard, vous pouvez vous en prendre à lui !

✈ Agent d'entretien avion
L'agent d'entretien avion s'occupe de la propreté et du nettoyage d'un avion entre deux vols. Sur les compagnies low-cost, de plus en plus, ce sont les hôtesses et les stewards qui s'occupent du nettoyage de l'avion pour gagner du temps. Si ce n'est pas propre autour de votre siège, vous pouvez vous en prendre à lui !

✈ Agent de Piste d'aéroport
Reconnaissable avec ses 2 batons lumineux, l'agent de piste s'occupe de placer et déplacer les avions. Si vous trouvez que l'avion n'est pas à la bonne place, vous pouvez vous en prendre à lui !

✈ Chef d'escale
Le chef d'escale supervise votre escale. Il gère les passagers, les bagages, le personnel navigant... et veille au bon déroulement d'une escale. Si votre escale connait des problèmes, vous pouvez vous en prendre à lui.

✈ Agent de catering
L'agent de catering prépare les plateaux repas qui seront servis dans l'avion en vol. Il doit veiller à leur préparation, à la quantité et à la qualité, tout en respectant les règles d'hygiène. Si la nourriture n'est pas bonne, vous pouvez vous en prendre à lui !

✈ Agent de sûreté aéroportuaire
L'opérateur de sûreté se trouve au niveau des tapis roulants, il contrôle grâce aux rayonsX le contenu des bagages, effectue la palpation des passagers, la vérification des documents etc... Si vous êtes taté(e) de trop près, vous pouvez vous en prendre à lui... à vos risques et périls !

9

Le contrôleur aérien

Le contrôleur aérien, présent dans la tour de contrôle, gère et coordonne la régularité des décollages et atterrissages. Il donne des consignes aux pilotes via une radio. C'est un poste clé qui nécessite beaucoup de concentration et de self-contrôle pour qu'il n'y ait aucune catastrophe. Si votre avion fonce dans un autre avion, vous pouvez vous en prendre à lui !

Bagagiste tri correspondance

Les bagagistes tri correspondance sont ceux qui s'occupent de vos bagages et assurent leur tri et leur bon acheminement. Pendant les escales, c'est également eux qui assurent le transfert des bagages d'un avion à l'autre. Si votre bagage se perd ou est en miettes, vous pouvez vous en prendre à lui !

Les hôtesses, stewards, chefs de cabine

Présents dans l'avion, ils assurent avant tout le bon déroulement d'un vol et appliquent les consignes de sécurité à la lettre. La plupart du temps, les équipages ne se connaissent pas. En effet, si les gens avaient l'habitude de travailler ensemble tout le temps, ils seraient moins attentifs et donc moins vigilents. Si les hôtesses repoussent vos avances, c'est normal, elles ne sont pas là pour ca !

Le commandant de bord

Le commandant de bord, aidé de son co-pilote est en charge de piloter et d'assurer la sécurité des passagers du décollage jusqu'à l'atterrissage. En lien avec le préparateur de vol, il décide du meilleur trajet à prendre, en prenant en compte la météo, le carburant, les vents… Avant chaque décollage, il a une routine, faire les checklists pour vérifier que tout est aux normes et prêt à fonctionner. Il réitère cette vérification avec son co-pilote avant chaque atterrissage. Si vous n'appréciez pas le vol, ne vous en prenez pas à lui, vous pourriez finir en garde à vue !

LE PERSONNEL NAVIGANT

Si vous prenez l'avion de temps en temps, vous avez déjà dü entendre « PNC aux portes »… Et bien ces 3 initiales signifient « Personnel Navigant Commercial », c'est-à-dire hôtesse de l'air, steward et chef de cabine !

LES HOTESSES ET STEWARDS DETESTENT LES PASSAGERS…

Comme vous ne le savez peut être pas, les agents de bord, les PNC, détestent les passagers… oui, vous qui volez dans leurs avions… ils ne vous aiment pas.. du tout ! Alors, découvrons ensemble comment ils se plaisent à vous faire souffrir !

Commençons avec le plateau repas… Vous pensez avoir votre libre arbitre pour le choix de votre repas ? Et bien non… Vous êtes juste manipulé suivant les stocks. Lorsque les hôtesses et stewards doivent écouler, par exemple, leurs plats de poulet qui sont presque périmés, voici ce qu'ils vous disent :

« Bonjour, nous avons deux repas au choix pour notre vol. Notre premier choix est une poitrine de poulet grillée à la perfection accompagnée de légumes soigneusement cuits à la vapeur et d'une sauce très délicatement assaisonnée dont le fumet me rappelle celui que faisait ma grand-mère quand j'étais petite. L'autre choix est du poisson (grimace) avec beaucoup d'arrêtes et une odeur étrange… » Je parie que vous prendrez le poulet… surtout si vous êtes africain !

Autre astuce qu'ils utilisent la nuit… pour alléger leur travail… et vous faire un peu rager… ils attendent qu'il soit très tard et que vous dormiez afin de dégainer leurs chariots… Vous dormiez ? Quel dommage !

En ce qui concerne l'alcool, il est gratuit à bord, ce qui peut vous inciter à boire beaucoup plus que de raison. Sachez qu'après un certain nombre de verres, ce que vous croirez être un rhum coca ne sera probablement que du coca. Et oui… pour éviter de vous supporter bourrés, ils ont une technique… ils humidifient le rebord du verre avec du rhum pour vous donner le petit goût alcoolisé. Je vous l'ai dit… ils ne vous aiment pas.

LES PILOTES EXPERIMENTES ONT TOUS LES DROITS

Au dessus des PNC, il y a le commandant, avec son co-pilote. Ce n'est pas pour vous affoler, mais l'habit ne fait le moine… et oui, ne vous cantonnez pas au nom ou au prestige d'une compagnie pour calculer l'expérience d'un pilote. Aux Etats-Unis, beaucoup de grandes compagnies sous-traitent et emploient des pilotes qui n'ont parfois pas fini leurs entraînements et qui ne touchent donc pas la même paye que les autres. Alors, ne vous stressez pas et rappelez-vous la devise du pilote ; un pilote doit toujours avoir le même nombre de décollage que d'atterrissage !

Ceux qui connaissent leurs classiques ont tous vu le film délirant « Y'a-t-il un pilote dans l'avion ? ». Si ce n'est pas le cas, faites-le, c'est loufoque mais très drôle. Dans ce film, une grande partie des passagers, ainsi que le pilote et son co-pilote tombent malade à cause d'une intoxication alimentaire... et bien, dans la réalité ce n'est pas possible ! En effet, pour justement qu'il n'y ait pas de soucis avec une intoxication généralisée, ce que mange le pilote est différent du plateau repas du co-pilote, et différent également de ce que vont ingurgiter les passagers.

Pendant les vols long-courriers, il arrive que le commandant aille faire une petite sieste pour se reposer un peu ! Il peut également quitter le cockpit pour une envie pressente... en effet, les pilotes boivent beaucoup d'eau pour rester frais et hydratés. Connaissez-vous leur truc pour être tranquille aux toilettes ? Ils activent la consigne de sécurité « Attachez votre ceinture » alors même qu'il n'y a pas de turbulences. Attention, cela peut aussi signifier que l'avion traverse vraiment une zone de turbulences ! Alors attachez vos ceintures.

En parlant de boisson... les pilotes ont interdiction de boire de l'alcool huit heures avant le vol avec un taux d'alcoolémie à zéro au moment du vol. Un alcootest peut être effectué avant un départ. Ces dernières années, à de nombreuses reprises, il est arrivé qu'un commandant de bord ivre veuille prendre les commandes d'un avion... mais ces commandants ont à chaque fois été stoppés avant le vol !

Restons en compagnie des pilotes, et évoquons leur pouvoir... Saviez-vous que le capitaine est autorisé à vous arrêter en plein vol ? Dès lors que l'avion roule sur le tarmac, le pilote a presque tous les droits. Il peut vous mettre une amende, vous arrêter, et même noter le testament d'une personne mourante ! Mieux vaut être copain-copain avec le commandant !

Pour ceux qui veulent vivre de l'intérieur des décollages et atterrissages, je vous conseille un site internet : http://pilotseye.tv/fr/ Vous ne le regretterez pas !

EMBARQUEMENT
IMMEDIAT

PEUR EN AVION - DES SOLUTIONS !

Pour certains, voler en avion signifie la liberté, l'évasion, les voyages... Pour d'autres, c'est plutôt un vrai cauchemar, avec les mains moites, des tremblements, les oreilles qui sifflent et l'angoisse qu'un réacteur ne se décroche ou que le pilote perde le contrôle de son engin avec un magnifique crash à l'arrivée ! Si vous faites partie de cette deuxième catégorie, vous êtes sûrement aviophobe ou aérodromophobe... vous êtes donc phobique de l'avion ! Alors, oui, certains pourraient dire que si Dieu avait souhaité qu'on vole, il nous aurait donné des ailes... ça se tient... mais là n'est pas le propos... et il est grand temps d'éradiquer cette peur... Comment ? A l'aide de diverses méthodes !

L'HYPNOSE

Tout d'abord, avez-vous déjà pensé à l'hypnose ? En l'espace de quelques séances avec un hypnothérapeute (oui hypnothérapeute... pas hypnotiseur comme sur TF1... c'est pas pareil !), de nombreuses personnes ne ressentent plus aucune peur de l'avion. Cette méthode est efficace car la phobie est traitée directement à la source, c'est-à-dire dans l'inconscient. A noter, que la plupart du temps, cette peur se manifeste chez des personnes qui ont un besoin vicéral de tout maîtriser, de tout contrôler, ce qui n'est pas vraiment possible dans un avion. Pour que ça fonctionne véritablement, il faut plusieurs séances et surtout être réceptif.

EMDR ET NERTI

Une autre voie pour combattre cette phobie serait de passer par une thérapie comportementale et cognitive. On pense ici à des thérapies brèves comme l'EMDR ou le NERTI.

L'EMDR, dont les initiales signifient « eye movement desensitization and reprocessing » permet la désensibilisation et le retraitement par les mouvements oculaires. Souvent utilisée dans le cadre de troubles de stress post-traumatique (TSPT), cette technique est très efficace en seulement quelques séances.

A certains moment, à la suite d'événements choquants ou traumatisants, il arrive que notre cerveau ne puisse pas traiter ni digérer ces informations. Il est comme bloqué, provoquant des troubles ou des pathologies. Le TSPT peut être causé par : un deuil, un attentat, un accident, des catastrophes naturelles, une agression physique, psychologique etc... Pendant la séance, vous serez invité à revivre l'événement qui provoque vos craintes en avion. Le thérapeute pratiquant l'EMDR agite ses doigts de droite à gauche devant vos yeux pour stimuler votre mouvement occulaire, puis vous stimule également au niveau auditif, toujours en alternant droite/gauche. Une fois vos yeux fermés, vous allez revivre ce qui vous bloque et au fur et à mesure de la séance, vous allez prendre du recul sur la situation stressante pour la voir et la vivre d'un œil extérieur. Vous allez au final réussir à gommer vos croyance limitantes et stressantes.

L'autre technique, la méthode NERTI est une méthode originale développée par Luc Geiger, coach et hypnothérapeute, qui permet de travailler sur les sensations physiques associées à la peur. Les initiales signifient « nettoyage émotionnel rapide des traumatismes inconscients ». Un peu comme l'EMDR, le phobique revit mentalement son problème. Malgré la présence de ses symptômes d'angoisse, le patient se rend compte qu'il n'y a au final plus rien à craindre. C'est une libération émotionnelle.

LA COHERENCE CARDIAQUE

Connaissez-vous la cohérence cardiaque ? C'est une méthode respiratoire qui permet au corps de se détendre en régulant ses cycles : 4,5 secondes pour l'inspiration et 5,5 secondes pour l'expiration, soit environ six respirations par minute. Résultat, la fréquence cardiaque se ralentit et la pression artérielle diminue. Vous êtes plus relaxé et émotionnellement neutre, puisque vous maîtrisez votre respiration. L'idéal est de pratiquer cette technique quotidennement quelques semaines avant votre départ - 5 à 10 minutes tous les jours sont suffisantes.

POUR VOUS GUIDER DANS VOTRE COHERENCE CARDIAQUE, VOICI QUELQUES APPLICATIONS :

- RespiRelax
- Kardia
- Cardio Zen
- Ma cohérence cardiaque

LES STAGES EN AVION

Beaucoup d'aérodromophobes partiquent la stratégie de l'évitement, ils ne prennent jamais l'avion ou font tout pour éviter de le prendre ! Une bonne méthode pour combattre cette phobie consiste à se forcer… de manière virtuelle ! De nombreux stages existent pour vaincre cette peur et atténuer les craintes irrationnelles que le cerveau a programmé. En général les stages se déroulent en 3 temps, d'abord quelques explications sur le fonctionnement d'un avion et la sécurité aérienne, puis le pilotage d'un avion dans un simulateur de cockpit et enfin un débriefing avec questions/réponses. Ces stages de quelques heures sont disponibles partout en France, sur des cockpits Airbus ou Boeing, selon les lieux, avec des tarifs variants de 350 à 680 euros.

VOICI QUELQUES LIEUX QUI PROPOSENT DES STAGES (NON EXHAUSTIF) :

- www.peuravion.fr
- https://www.airfrance.fr/FR/fr/common/guidevoyageur/pratique/sante_anti_stress.htm
- www.aviasim.fr
- www.paris.flightexperience.fr

COMMENT EVITER LE JET-LAG ?

LE PLANNING CONTRE LE JET-LAG

Pour lutter contre le jet-lag – que l'on pourrait traduire par des perturbations de l'horloge interne liées au décalage horaire – de nombreuses choses peuvent être faites avant, pendant et après votre vol, suivant votre destination.

Si votre destination est lointaine, n'hésitez pas une semaine avant à utiliser des applications pour lutter contre ce phénomène et vous aider. Disponibles sur AppStore ou Android, vous les trouverez facilement. Vous avez « Entrain », « Jet Lag Rooster », « Jet Lag App » » ou encore « Jet Lag Begone ». Ces applications sont dans l'ensemble gratuites et vous accompagnent pour déterminer les moments ou vous devez vous exposer à la lumière ou au contraire à l'obscurité. Un jour avant votre départ, essayez d'avancer ou de reculer l'heure du coucher (suivant votre destination) pour commencer à être en phase avec ce futur décalage. Un petit conseil – exposez vous à la lumière le soir si vous voyagez en direction de l'ouest et le matin si vous partez vers l'est. 24 heures avant le décollage, évitez toute nourriture épicée et lourde et surtout hydratez-vous au maximum en buvant beaucoup d'eau y compris pendant le vol. En montant dans l'avion, réglez votre montre à l'heure locale de votre destination afin d'assimiler plus facilement le changement. Pendant le vol, s'il fait nuit là où vous vous rendez, essayez de dormir. A contrario, s'il fait jour, luttez pour ne pas dormir ! N'oubliez pas de boire de l'eau et d'éviter café et alcool. A votre arrivée, mettez-vous au rythme tout de suite ! Si vous êtes fatigué, pas de sieste de plus de 30 minutes ! Attention, je vous surveille ! Avant de vous coucher, mangez équilibré et très léger et détendez-vous dans un bain bien chaud ou sous une douche. Ne dormez pas plus de 8 heures, vous récupérerez mieux et vous adapterez plus rapidement à votre nouveau fuseau horaire.

L'astuce insolite

Pour lutter efficacement contre le jet-lag, j'ai ce qu'il vous faut... les lunettes australiennes « Re-timer ». Quesako ? Ce sont des lunettes qui ont nécessité 25 ans de recherche. Elles émettent une douce lumière LED verte dans les yeux et stimulent une glande qui produit une hormone connue pour réguler l'horloge biologique. Ces lunettes reproduisent les effets du soleil et sont très utiles pour avancer ou retarder notre horloge interne de manière progressive à raison de 50 minutes par jour pendant au moins 3 jours.

Pour se les procurer : www.re-timer.com au prix de 150 euros environs.

QUELS SONT LES SYMPTOMES DU JET-LAG ?

- De la difficulté au moment de s'endormir et des troubles du sommeil
- Des maux de tête
- Du stress
- Des troubles de l'humeur
- Des problèmes de concentration
- Des pertes d'appétit
- Bref, vous êtes chiant !

COMMENT VOYAGER QUASI GRATUITEMENT ?

VOYAGER EN PERIODE D'AFFLUENCE

A l'approche des grandes vacances, vous le savez si vous êtes fauchés, l'avion coûte cher ! Pour être quasi sûr d'obtenir un dédommagement, des avantages ou un petit sandwich, il faut voyager en période d'affluence. En effet, lors des grandes vacances, les compagnies anticipent sur l'annulation de dernière minute de certains passagers et en profitent pour booker deux fois les sièges. Seulement, si tous les passagers se présentent, la compagnie ne peut pas faire asseoir un passager sur les genoux d'un autre passager, ça pourrait couper la circulation sanguine de certains. C'est là qu'il faut saisir sa chance ! A l'enregistrement, indiquez que vous êtes intermittent... pardon, volontaire pour prendre un autre vol si besoin. Suivant la compagnie, vous obtiendrez des miles, des bons pour un prochain voyage ou même un dédommagement.

Notez que pour qu'un vol soit surbooké, il est primoridal de choisir des destinations que tout le monde s'arrache. Ne me prenez pas un aller Beauvais/Vilnius en Lituanie. Je veux bien que vous n'ayez pas une tune, mais quand même ! Respectez-vous !

Pour ceux qui veulent vraiment mettre toutes les chances de leur côté, réservez des vols avec plusieurs escales ce qui pour permettra, peut être d'avoir un vol annulé ou surbooké. Là encore, dédommagement et avantages à la clé. 36 heures de voyage pour un Paris/Barcelone, ça n'a jamais tué personne !

Pour info, suivant ce qu'il vous est arrivé (vol retardé, annulé ou surbooké) il est possible d'avoir droit à une petite compensation allant jusqu'à 600€ quand même ! Votre allié dans la bataille c'est le site www.vol-retarde.fr . En un instant vous serez fixé sur le montant de l'indemnisation et ses conditions. Le site gère les procédures à votre place grâce à une armée d'experts et d'avocats ! Si vous êtes indemnisé par la compagnie, le site prend 25% du montant perçu. Alors, il ne vous reste plus qu'à prier pour que les techniciens découvrent que le moteur est défectueux ou qu'il y a un trou dans la carlingue... avant le décollage bien sûr !

TRAVAILLER DANS UNE COMPAGNIE AERIENNE !

Vous le savez, on a rien sans rien... Si vous travaillez dans une compagnie aérienne, les avantages sont nombreux, billets gratuits, miles, réductions pour vous et vos proches, avantages dans certains hôtels partenaires etc.... Encore faut-il être embauché ! Et vu la conjoncture... c'est compliqué !

Bon, pas de panique, j'ai une autre solution... soyez ami voire plus si affinités avec quelqu'un qui travaille dans le milieu aérien... Pilote, steward ou même hôtesse... Grâce à eux vous aurez des réductions. Il faudra par contre voyager avec eux... Ah bah oui, il faut parfois donner de sa personne pour arriver à ses fins !

Pour ceux qui aiment l'aventure, fréquentez des pilotes de fret ! Chaque pilote a le droit de faire voyager jusqu'à 3 passagers pour environs 35 euros par personne. Les vols sont en général nocturnes. C'est un voyage plutôt insolite mais une grande expéricence à la clé !

ACHETER SES BILLETS SUR INTERNET

Pour obtenir des tarifs incroyables, tout d'abord, commandez votre billet sur internet entre minuit et 5 heures du matin. Votre billet pourrait vous coûter 25% de moins par rapport aux « heures de pointe ». Il ne vous reste plus qu'à devenir insomniaque ! Pour info, quand vous naviguez pour chercher un billet, effacez continuellement les cookies et l'historique à chaque fois car les sites comptabilisent vos visites et font augmenter les prix dès que vous y retournez.

Pour acheter des billets à petits prix, voyager partout dans le monde et faire rager vos amis (un Londres/Tokyo par exemple pour 68€), faites un tour sur ce site : www.fly4free.pl Alors oui... vous vous dites... point pl, point pl... oui c'est un site polonais... oui en polonais. Pour apprendre le polonais, si vous n'avez pas d'ouvriers en ce moment chez vous, je vous conseille le site : www.loecsen.com/fr/cours-polonais

Allez, je vous le dis, parce que c'est vous... Pour des voyages vraiment pas chers et fiables, je vous conseille un site : https://lesvoyagespaschersdeleo.fr . Léo cherche des voyages, c'est son métier, puis les envoie par mail pour en faire profiter ses abonnés. Pour la newsletter, il y a des formules gratuites et payantes.

POURQUOI PRENDRE UNE ASSURANCE VOYAGE ?

Si à chacun de vos voyages vous faites confiance à votre bonne étoile, il est peut être temps de changer… surtout en vieillissant ! Alors, pourquoi prendre une assurance voyage ?

✈ **Vous n'êtes pas Madame soleil !**
Et oui, vous ne pouvez pas savoir ce qu'il se passera dans l'avenir… alors mieux vaut prévenir que guérir, surtout si vous partez loin ou dans des zones dangereuses.

✈ **Vous aurez peut être un empêchement !**
C'est sûr que lorsque vous réservez votre voyage, vous ne vous imaginez pas devoir annuler ! Mais ça peut être le cas… maladie, nouveau travail ou querelle de couple et séparation juste avant le vol, je vous le dis, vous n'aurez pas envie de passer 10 heures assise aux côtés de ce C**… ! L'assurance, suivant les options, peut vous rembourser la totalité de votre voyage.

✈ **Vous ne roulez peut être pas sur l'or !**
Dans certains pays, comme au Canada ou aux Etats-Unis, les soins dans les hôpitaux coûtent un bras si vous n'êtes pas citoyen ou que vous n'avez pas d'assurance… et j'imagine que vous y tenez à votre bras… non ?

✈ **Vous devrez rentrer plus tôt que prévu…**
A l'autre bout du monde, il est possible que vous soyez obligé de rentrer plus tôt chez vous… Bien sûr pas pour fêter l'anniversaire de Tatie Genneviève… mais plutôt pour aller l'enterrer… Oui, en cas de force majeur, le rapatriement est possible.

✈ **Vous avez perdu vos bagages !**
L'assurance rembourse vos affaires personnelles en cas de perte ou de vol, il faut bien lire les conditions ! Quoi de mieux qu'une toute nouvelle garde-robe mesdames ? Ca laisse rêveuses !

Pour ceux qui ont une carte Visa Premier, jetez un œil aux conditions sur leur site ; la carte peut parfois remplacer une assurance… Renseignements : https://www.visa.fr/je-suis-particulier/ma-carte-visa/visa-premier/assurances-assistance

La valise est un élément essentiel du voyage… et pour que vous puissiez être rassuré, prenez un bagage cabine ; en effet, moins de stress puisque toutes vos affaires sont avec vous, pas de perte et un gain de temps à l'arrivée.

Si vous êtes « pauvre » ou intermittent – ça arrive – mais que vous voulez quand même voyager sans payer de supplément bagage en soute, partez en camp naturistes ! Néanmoins, pensez à prendre une petite laine dans l'avion, il peut faire frais… et comme vous le savez, on a tendance à prendre froid par les extrémités !

L'info insolite

En 2008, le tour-opérateur allemand « OssiUrlaub » avait lancé à grand coup de pub un vol charter pour naturistes destiné à 50 amateurs de « FKK » (« Culture du corps libre » la dénomination allemande). Le vol devait avoir lieu en juillet entre Erfurt (sud-ouest de l'ex-RDA) et l'île d'Usedom, en mer Baltique, pour la modique somme de 499 € par personne. Il était annoncé que les passagers voyageraient nus, se déshabillant uniquement une fois à bord ! Pour ceux qui pensaient au fantasme de l'hôtesse ou du pilote, que nenni, et ce pour des raisons de sécurité ; le personnel navigant devait voyager habillé. Malgré un vol complet, le voyage n'a pas eu lieu pour des questions morales et de nombreuses critiques virulentes dans les média et sur le net.

Au moment de partir, portez les vêtements les plus encombrants que vous souhaitez avoir avec vous pendant le voyage ; doudoune, pulls, bottes, écharpes et moufles… Bien évidemment, si vous allez à Tahiti, cette astuce ne vous concerne pas.

Pour ceux qui comptent faire des achats sur leur lieu de vacances, laissez de la place dans votre valise, surtout si vous allez à Vintimille ou Djerba. Vous trouverez de grandes marques à petits prix comme du « Abidas », du « Louis Fuitton » ou du « Locoste » »… Lâchez-vous et profitez du beau temps pour vos emplettes car à votre retour vous risquez d'être à l'ombre pour un petit moment…

LA REGLE DU 5, 4, 3, 2, 1

Connaissez-vous mesdames la règle du 5, 4, 3, 2, 1 ?! C'est simple, dans votre valise emmenez 5 hauts, 4 bas, 3 accessoires, 2 paires de chaussures et 1 maillot de bain ! Choisissez des hauts et des bas qui peuvent s'accorder pour un maximum de combinaisons et qui peuvent être utilisés de jour comme de nuit en fonction des accessoires choisis ! En ce qui concerne les bas, prenez un jean, une jupe longue et courte et un short. Vous pouvez également remplacer le jean par une robe, surtout si vous partez dans un pays très chaud, une robe peut être plus agréable à porter. Niveau accessoires, prenez des lunettes, un chapeau, un sac à dos ou un sac à main tendance pour le soir. Pour les 2 paires de chaussures, c'est à vous de voir ! Soit vous partez avec une paire de talons pour le soir et des baskets pour la journée, soit uniquement des chaussures plates dans lesquelles vous vous sentez bien. Le maillot de bain est utile surtout pour les destinations mer... mais il est toujours pratique d'en avoir un, même au ski, dans le cas où votre hôtel aurait un spa ! Bien évidemment, je ne l'ai pas précisé, mais pensez quand même à emmener des sous-vêtements, des bijoux et vos produits de beauté.

Pour les hommes, c'est la même règle, 5 hauts (T-shirts, chemises, polo etc...), 4 bas (pantalons, shorts, bermudas...), 3 accessoires (lunettes, casquettes, chapeau, bananes, pochettes...), 2 paires de chaussures et 1 maillot de bain. Idem pour les sous-vêtements ; il serait dommage de les oublier et que votre paquet ballotte au gré du vent. Un peu de tenu !

METHODE DE PLIAGE

Avec les hauts (T-shirts, chemises, polo, débardeurs), les shorts, les pyjamas... utilisez la méthode de l'enroulement. Vous gagnerez de la place et aurez beaucoup moins de faux plis !

Si vous avez des vestes ou des vêtements plus volumineux qui ne peuvent pas s'enrouler, pliez les et posez les sur le dessus.

Placez ensuite vos pantalons, bermudas ou même vos robes.

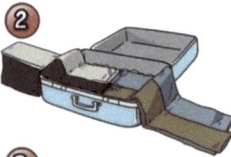

Repliez les pantalons sur les autres vêtements.

Recommencez l'étape 1 s'il vous reste encore des choses à rouler.

Insérez dans les espaces restants vos accessoires et les chaussures ainsi que les sous-vêtements. Vous pouvez également glisser vos chaussettes à l'intérieur de vos chaussures !

COMMENT S'HABILLER POUR PRENDRE L'AVION ?

Pour prendre l'avion, le maître mot c'est « à l'aise » ! Rien ne sert d'être habillé avec des vêtements derniers cris comme les stars d'Hollywood – aucun paparazzi ne vous attendra à la sortie de l'aéroport... Il est donc plus agréable d'être confortable dans ses vêtements. Optez pour un jogging ou des vêtements amples avec des baskets. Oubliez les bottes et les chaussures montantes, ainsi que les ceintures en métal si vous souhaitez passer la douane sans encombre. Par ailleurs, avec l'altitude en vol les pieds gonflent ; les baskets sont donc plutôt recommandées, surtout si vous décidez de les enlever pendant le voyage – vous pourrez les rechausser à l'arrivée... ce qui n'est pas forcément le cas de chassures en cuir très serrées... Bien évidemment, ne donner pas cette astuce à vos amis... ! Alors, qui va finir en chaussettes sur le tarmac, ses mocassins à la main ?!

TOUJOURS PREVOIR L'ARRIVEE !

En amont de votre vol, soyez prévoyant, on ne sait jamais... Et oui, environ 82 000 bagages en soute se perdent chaque jour dans le monde, il vaut donc mieux avoir quelques ressources ! Dans votre sac, en cabine, prenez quelques vêtements de rechange comme un haut et un bas. Pour les destinations chaudes, c'est parfois plus sympa de se changer et d'enfiler un t-shirt ou des tongs plutôt que de rester avec son pull et son jean. N'hésitez pas non plus à prendre avec vous un ou deux sous-vêtements !

Pensez également à avoir sur vous quelques affaires de toilettes. Petit rappel, les contenants liquides ne doivent pas dépasser 100mL. Shampooing sec, lingettes rafraîchissantes, liquide hydroalcoolique, brosse à dents, parfum et même un baume à lèvres doivent faire partie de votre trousse beauté !

DIMENSIONS DES BAGAGES SUIVANT LES COMPAGNIES

Avant de prendre votre bagage en cabine, renseignez-vous bien sur la taille acceptée. Voici un tableau qui peut vous aider, mais n'hésitez pas à re-vérifier !(*Source : www.kelvalise.com*)

Compagnies aériennes	Dimensions (h x L x l)	Poids (kg)	Compagnies aériennes	Dimensions (h x L x l)	Poids (kg)
AEGEAN	55 x 40 x 20 cm	8	IBERIA	56 x 45 x 25 cm	10
Aer Lingus	55 x 40 x 24 cm	10	JAPAN AIRLINES	55 x 40 x 25 cm	10
AEROFLOT	55 x 40 x 20 cm	10	jetBlue	55 x 35 x 22 cm	22
AIR CARAÏBES	55 x 40 x 20 cm	12	KLM	55 x 35 x 25 cm	12
AIR FRANCE	55 x 35 x 25 cm	12	LOT POLISH AIRLINES	55 x 40 x 20 cm	6
AIR NEW ZEALAND	55 x 40 x 20 cm	7	Lufthansa	55 x 40 x 20 cm	8
Alitalia	55 x 35 x 25 cm	8	malaysia	56 x 36 x 23 cm	5
ANA	50 x 40 x 25 cm	10	MALEV	55 x 40 x 20 cm	10
American Airlines	56 x 35 x 23 cm	18	NORTHWEST AIRLINES	56 x 35 x 23 cm	7
Austrian	55 x 40 x 25 cm	8	norwegian	55 x 40 x 23 cm	10
British Midland International	56 x 45 x 25 cm	7	OLYMPIC	56 x 45 x 25 cm	6
BRITISH AIRWAYS	56 x 45 x 25 cm	6	QANTAS	56 x 36 x 23 cm	7
brussels airlines	50 x 35 x 20 cm	6	RYANAIR	55 x 40 x 20 cm	10
CATHAY PACIFIC	56 x 36 x 23 cm	7	Scandinavian Airlines	55 x 40 x 23 cm	8
CHINA AIRLINES	56 x 36 x 23 cm	7	SINGAPORE AIRLINES	55 x 40 x 20 cm	7
Continental Airlines	55 x 35 x 25 cm	18	swissair	55 x 40 x 20 cm	8
CZECH AIRLINES	56 x 45 x 25 cm	12	TAP PORTUGAL	55 x 40 x 20 cm	6
Delta	56 x 35 x 23 cm	18	THAI	56 x 46 x 25 cm	7
easyJet	55 x 40 x 20 cm	18	transavia.com	55 x 35 x 25 cm	10
Emirates	55 x 38 x 20 cm	7	Virgin america	60 x 40 x 25 cm	14
FINNAIR	55 x 40 x 20 cm	8	XL Airways	55 x 35 x 25 cm	5

Liste pour des vacances de filles !

Vêtements

- ☐ Robes
- ☐ Jupes
- ☐ Pantalons
- ☐ Shorts
- ☐ Maillots de bain
- ☐ T-shirts / Débardeurs
- ☐ Sous-vêtements
- ☐ Pyjama
- ☐ Chaussettes
- ☐ Vestes
- ☐ Pulls légers / Gilet

Chaussures

- ☐ Tongs
- ☐ Sandalles
- ☐ Baskets
- ☐ Espadrilles
- ☐ Chaussures plage
- ☐ Escarpins soirée

Divers

- ☐ Doliprane
- ☐ Médicaments
- ☐ Pansements
- ☐ Boule-Quiès
- ☐ Masque de nuit
- ☐ Pince à épiler
- ☐ Serviette de bain

Accessoires

- ☐ Ceinture
- ☐ Lunettes de soleil
- ☐ Casquette
- ☐ Bijoux
- ☐ Foulard
- ☐ Broche

Trousse de toilette

- ☐ Cotons tiges
- ☐ Brosse à dents
- ☐ Dentifrice
- ☐ Déodorant
- ☐ Shampoing
- ☐ Après-champoing
- ☐ Brosse à cheveux
- ☐ Parfum
- ☐ Rasoir
- ☐ Protection solaire
- ☐ Gel douche
- ☐ Crèmes après soleil
- ☐ Maquillage
- ☐ Démaquillant
- ☐ Cotons
- ☐ Serviettes hygiéniques
- ☐ Vernis à ongles
- ☐ Dissolvant
- ☐ Alcool à 90°

Interdit

- ☐ Ordinateur
- ☐ Documents travail
- ☐ Crocs

Ne pas oublier...

- ☐ Bas de contention
- ☐ Le passeport
- ☐ Les billets d'avion
- ☐ Biafine
- ☐ Anti-moustiques
- ☐ Ecouteurs
- ☐ Préservatifs
- ☐ Chargeurs téléphone
- ☐ Appareil photo
- ☐ Argent
- ☐ Tenue sexy ...!

Avant de partir

- ☐ Couper l'eau
- ☐ Couper l'électricité
- ☐ Couper le gaz
- ☐ Fermer les volets
- ☐ Débrancher les appareils
- ☐ Arroser les plantes
- ☐ Donner un double des clés
- ☐ Sauvegarder mes données
- ☐ Prévenir la gardienne
- ☐ Prévenir un voisin
- ☐ Faire une photocopie de mon passeport/papiers importants
  Gérer la garde du chat/chien ou du poisson rouge et de la tortue

Pour se donner bonne conscience

- ☐ Guide de la région
- ☐ Les adresses postales de la famille
- ☐ Tenue de sport
- ☐ Un livre intello
- ☐ Un livre pour apprendre une langue
- ☐ Tutos exercices de Yoga
- ☐ Cahier d'écriture

Liste pour des vacances de garçons !

Divers

- ☐ 1 Short
- ☐ 4 T-shirts
- ☐ Tongs / Baskets
- ☐ Caleçons
- ☐ Maillot de bain
- ☐ Lunettes de soleil
- ☐ Préservatifs
- ☐ Tinder actif sur smartphone
- ☐ Passeport

LES OBJETS INTERDITS

Avec les différents événements qui se déroulent depuis quelques années, de nombreux objets sont interdits en cabine et parfois même en soute. Si vous êtes vieux, sachez que vous ne pourrez pas emmener votre brique de soupe favorite… c'est du liquide, donc c'est interdit. Par contre, vous pourrez être en cabine avec votre fauteuil roulant. Pour info, les couches sont autorisées… je précise au cas ou !

Pour nos amis fans de jeux de rôle, restés coincés au Moyen Age, les arbalètes, arcs et flèches, frondes, catapultes, épées et autres javelots sont interdits. Et oui, bienvenue au 21ème siècle !

Pour ceux qui ont prévu de tuer quelqu'un, votre voisin ou une hôtesse de l'air par exemple, je suis désolée, mais tout ce qui est tranchant ou considérés comme arme est interdit – pas de pique à glace, pas de scalpels, pas de pistolets ou de ciseaux… En revanche, vous pouvez être en possession d'aiguilles à tricoter, de seringues, de piquets de tente ou d'une pince à épiler… alors, faites fonctionner votre imagination, vous trouverez une solution à coup sûr…

Sachez que tous les équipements sportifs sont interdits en cabine sauf le parachute de sport. Le parachute est conseillé… surtout si le pilote est dépressif, ça peut être utile.

VOICI UNE LISTE PLUS PRECISE DE CE QUE VOUS POUVEZ ET NE POUVEZ PAS PRENDRE !
(SOURCE WWW.SKYSCANNER.FR)

Articles	Autorisé à bord ?
Dispositifs électroniques et électriques	
Ordinateur portable	OUI
Tablette	OUI
Lecteur MP3	OUI
Sèche cheveux ou fer à lisser	OUI
Caméra et équipements audiovisuels	OUI
Fer à repasser	OUI
Rasoir électriques	OUI
Objets d'usage courant	
Tire-bouchon	NON
Cuillère	OUI
Couteau à lame tranchante de + de 6cm	NON
Ciseaux à pointes rondes	OUI
Lames de rasoir fixes ou jetables	OUI

Couteau à lame pliante, canif	NON
Couteau et lames de rasoir ouvertes	NON
Ciseaux aux les lames de - 6cm	OUI
Ciseaux aux lames de + 6cm	NON
Cutter	NON
Coupe ongles	OUI
Pince à épiler	OUI
Aiguilles à tricoter	OUI
Aiguilles à coudre	OUI
Parapluie	OUI
Canne	OUI
Fauteuil roulant	OUI
Poussette enfant	OUI
Allumettes	NON
Briquet	NON
Liquide pour lentilles de contact	OUI
Cartouches imprimante	NON

Equipements de travail

Outils à lame tranchante de + de 6cm	NON
Perceuse et accessoires	NON
Couteaux Professionnels	NON
Tapis de coupe	NON
Scies	NON
Marteau	NON
Chalumeau	NON
Machette	NON
Aérosol de peinture	NON
Térébenthine et diluant peinture	NON

Médicaments et objets à usage médical

Pack de gel refroidissant	OUI
Equipement médical	OUI
Médicaments et pilules	OUI
Sirops et médicaments liquides	OUI
Seringues hypodermiques	OUI
Inhalateur	OUI
Bouteilles d'oxygène	CONTACTER LA COMPAGNIE AERIENNE
Scalpels	NON

Alimentation et boisson

Toute boisson (eau, jus, thé, café...)	NON

Laits maternel, en poudre	OUI
Eau stérile pour bébé	OUI dans un biberon
Nourriture pour bébé	OUI
Confiture	NON
Sirop	NON
Miel	NON
Pot de pâte à tartiner	NON
Yahourt	NON
Soupe	NON
Sauce	NON
Fromage frais liquide ou malléable	NON
Huile	NON
Vinaigre	NON

Objets Sportifs

Parachute de sport	OUI
Batte et raquettes	NON
Club de golf	NON
Jeu de fléchettes	NON
Bâton de randonnée	NON
Patins à glace	NON
Canne à pêche, harpon ou fusil	NON
Armes à feu	NON
Equipements d'arts martiaux	NON
Equipement de plongée	NON
Arbalètes, arcs et flèches	NON
Frondes et catapultes	NON
Crampons	NON
Javelots	NON
Piolets et pics à glace	NON
Sabres et épées	NON
Canoës et pagaies	NON

LES BAGAGES EN SOUTE

POURQUOI LES BAGAGES SE PERDENT ?

Quotidiennement dans les aéroports, 82 000 bagages se perdent… Mais comment ça se fait ? Il semblerait que la moitié des bagages perdus soient tombés sur le tarmac, soient mal étiquetés ou même arrivés dans un autre pays suite à un problème de code barre.

Pour ceux qui s'enregistrent au dernier moment, juste avant la fermeture du vol, il est possible que votre valise soit placée sur le vol suivant pour éviter de retarder le départ de l'avion. A l'inverse, si vous arrivez beaucoup trop tôt, votre valise peut être placée dans un coin et oubliée, par manque de place dans la salle des bagages. En bref, soyez là uniquement deux heures avant la fin de l'enregistrement comme c'est noté sur votre billet. Arrêtez de faire du zèle !

L'astuce insolite

Pour ceux qui ont peur de perdre leur bagage, je vous conseille de porter « une veste bagage ». C'est une veste remplie de poches qui peut contenir jusqu'à 15kg et qui coûte, suivant les marques, entre 40€ et 250€. C'est clairement inesthétique, mais très pratique. Par contre, ne vous perdez pas avec, car je ne sais pas si la sécurité des aéroports vous traite comme un colis abandonné et vous fait sauter.

DES CADAVRES EN SOUTE…

Saviez-vous que de nombreux vols ne transportent pas que des bagages ou même des animaux en soute ? Et oui, dans certains vols, les soutes sont remplies de cercueils (si par exemple vous faites rapatrier votre grand-mère) ou même d'organes. La prochaine fois que vous êtes à votre siège, regardez par le hublot… si vous voyez une boite avec des précisions telles que tête ou pied, c'est sûr… c'est un cercueil… ! Pour la petite histoire, il y a quelques années, un cercueil avait été perdu sur un vol à destination de l'Algérie. La compagnie Aigle Azur ne s'est pas démontée et a voulu dédomager la famille en leur proposant 3 800€… Petit calcul simple 172 kilos (le poids du cercueil) à 22€ le kilo, comme du fret… Le compte est bon ! Alors, la prochaine fois que vous faites rapatrier votre pépé décédé, assurez-vous qu'il ait bien mangé avant de mourir, il pèsera beaucoup plus lourd !

ON AIME LES BAGAGISTES !

Lorsque vous prenez l'avion, gardez en mémoire que vos bagages enregistrés sont traités n'importe comment : les bagagistes doivent remplir un container de plus de 100 bagages, ils ne vont donc pas les ranger parfaitement l'un après l'autre… Non, ils vont les entrechoquer, les cogner et les maltraiter, encore plus si vous avez une petite étiquette « fragile ». Mon astuce ? ! Je vous conseille d'aposer un sticker « J'aime les bagagistes » sur votre valise ! Elle sera tout autant balancée, mais avec amour !

Vérifiez la date d'expiration du passeport !
Pour partir, vous avez en général besoin de votre passeport… Donc, tout d'abord, retrouvez-le et regardez s'il est toujours valide ! C'est mieux pour partir ! Par ailleurs, beaucoup de destinations demandent une validité 6 mois après votre départ.

Prenez en photo vos documents de voyage
Pour ne pas avoir de souci et voyager en toute tranquilité, pensez à prendre en photo vos documents importants : carte d'identité, passeport, documents de voyage, d'hôtels, permis de conduire etc… Envoyez les ensuite par mail. En cas de vol ou de perte, ce sera plus simple à gérer dans les administrations.

Choisissez votre siège
Il est important de bien choisir son siège…

Renseignez-vous sur votre destination
Je ne parle pas ici de connaître les meilleurs endroits pour draguer ou pour diner, mais plutôt du temps ! En effet, peu importe ou vous allez, tout d'abord, jetez un œil à la météo pour pouvoir faire votre valise en fonction ! Vérifiez également s'il est necessaire de faire certains vaccins ou de prendre certaines précautions. Ce serait dommage qu'une tourista inoportune débarque pendant une visite dans le désert ! Enfin, renseignez-vous sur les coutumes ; on ne se rend pas dans une mosquée en maillot bain avec des chaussures… on enlève ses chaussures !

Pesez votre valise et vérifiez sa taille
Chaque compagnie a des règles strictes concernant les bagages en terme de poids et de taille. Pesez et mesurez votre valise. Faites pareil pour vous, ça vous permettra de voir combien de kilos vous devrez perdre à votre retour !

Enregistrez-vous en ligne
Pour gagner du temps, rien de mieux que de s'enregistrer en ligne.

Différencier sa valise
Lorsque vous récupérez votre valise sur le tapis roulant, toutes les valises se ressemblent… Et bien soyez créatif et différenciez votre valise en la customisant ! Collez un dessin, une photo ou même votre tête !

Voici 2 sites pour vous aider !
https://www.yoursurprise.fr/sac-personnalise/valise-personnalisee
http://www.calibag.com/fr/

Réserver un trajet pour l'aéroport
Pour être sûr de ne pas rater votre vol, la veille pensez à commander un taxi ou un VTC.

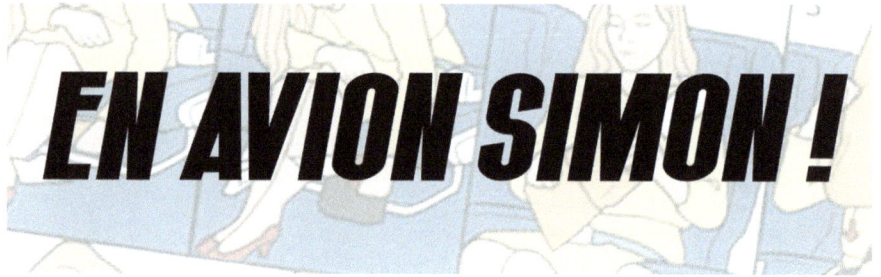

EN AVION SIMON !

COMMENT DRAGUER EN AVION ?

Mieux que les sites de rencontres… un voyage en avion ! Et oui, la promiscuité aidant, il est possible que vous rencontriez l'amour en altitude !

Tout d'abord, avant de prendre l'avion, soyez impéccable ! Oreilles, ongles, peau, cheveux, et même… enfin bref… tout doit être bien propre ; dans le cas contraire vous serez disqualifiés directement ! Misez également sur le parfum, pas trop fort ni trop entêtant, c'est l'odeur que vous laisserez à votre voisin/voisine et qui amorcera le fantasme !

N'hésitez pas à vous rendre à l'aéroport et en salle d'embarquement assez tôt afin de repérer votre proie… C'est la première étape – l'étape repérage. Si vous n'avez pas le temps de le faire, pas de panique, vous avez quelques heures devant vous dans l'avion !

Gardez en mémoire un conseil… en avion, ce n'est pas parce que vous êtes assis à côté de votre possible futur amour, qu'il faut insister et être lourd/lourde. Il faut profiter du meilleur moment pour briser la glace… comme le repas ! Les gens aiment parler en mangeant, ça fait parti de l'ADN humain. Alors, profitez-en ! Parmi les sujets, faites simple, nom, prénom, le métier, l'objet du voyage, le repas etc… Soyez léger/légère, souriant(e) avec un brin d'humour. Observez les signes, les mots, les gestes… Par contre, si votre voisin(e) s'échappe pour aller aux toilettes, ça ne veut pas forcément dire qu'il faut le/la suivre… ne voyez pas trop de signes non plus !

A l'approche de la descente, vous devriez normalement être déjà fixé(e) sur l'intérêt potentiel de votre interlocuteur/interlocutrice. N'attendez pas le dernier moment pour échanger vos coordonnées et proposer de vous revoir. La précipitation pour ce genre de proposition est presque toujours un échec. Si vous n'avez pas osé proposer quoi que ce soit, organisez un rapprochement autour du tapis roulant distribuant les valises. Aidez-la ou aidez-le à mettre ses bagages sur le caddie, soyez toujours cool et détendu(e). Vous aurez l'opportunité de mesurer son intérêt réel ; se tient-elle/il à côté de vous ou bien est-elle/il

---

L'astuce insolite

Pour être sûr de marquer des points dans votre plan drague, voyagez sur la compagnie Virgin, de Sir Richard Bronson. Malicieux, Sir Richard a vraiment pensé aux apprentis dragueurs… et dragueuses ! En effet, via l'écran tactile placé dévant chaque siège, vous avez la possibilité d'offrir un verre à la personne de votre choix. La commande se fait en toute discrétion – grâce à l'hôtesse - et fera son petit effet à coup sûr ! Pour aller plus loin, il est même possible d'utiliser un logiciel de messagerie instantanée dans le même écran afin d'entamer la conversation… Alors ? Heureux ?!

LE MILE HIGH CLUB

Pour les petits coquins qui veulent faire des galipettes dans les toilettes de l'avion, les contorsionnistes, les personnes hyperlaxes ou très souples.... Dites vous que les hôtesses et stewards peuvent déverrouiller la porte depuis l'extérieur... et très simplement en plus ! Alors, là, vous espérez que je vais vous expliquer comment ça fonctionne... Bon, allez, je vous le dis ! Vous voyez le petit panneau « Interdit de fumer » écrit sur la porte ? Et bien tout est là ! Il faut le soulever et activer l'ouverture qui se trouve en dessous. J'en connais qui vont essayer !

Pour ceux qui s'envoient en l'air en avion, ils font automatiquement parti du « mile high club » le club des 10 000 (10 000 pour 10 000 mètres d'altitude). La tradition veut qu'on poste la photo... de son avion... rien de plus, rassurez-vous ! Sur leur site internet, en anglais, vous pourrez vous inscrire, lire de nombreuses histoires coquines d'autres passagers et même de PNC ou encore acheter des goodies : T-shirt, mug, tote bags, stickers ou porte clés ! Pour ceux qui sont vraiment fiers de leurs performances, la société peut aussi vous faire parvenir un diplôme... ! Ca fera classe sur votre cheminée dans le salon !

Le site : www.milehighclub.com

Pour vous aider dans vos positions, voici une méthode assez utile ! Pensez que pour pouvoir faire l'amour en avion, il faut être habillé de manière simple comme un survêtement/jogging pour les garçons (oubliez les jean à boutons et les ceintures !) et une robe ou une jupe pour les filles... (si vous avez oublié votre culotte, c'est mieux !)

EN CABINE

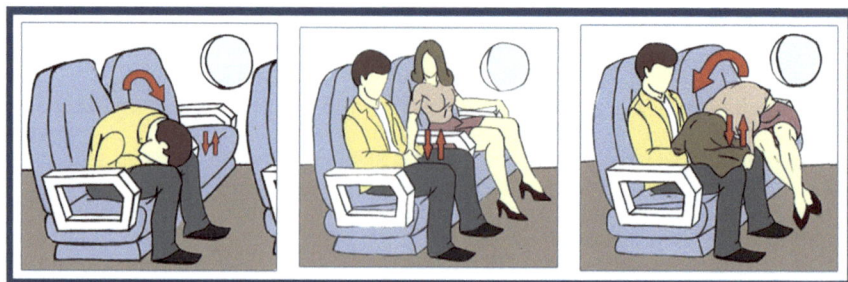

Pour info, pour que le mile high club fonctionne, il faut être deux...!

En cas de dépressurisation de l'appareil, n'hésitez pas dans un premier temps à prendre le manche bien en main et à tirer dessus, en faisant de petits mouvements de va-et-vient. Une fois l'appareil redressé, vérifiez de plus prêt pour confirmer son bon fonctionnement !

AUX TOILETTES...

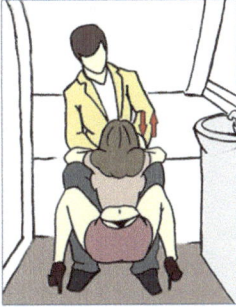

Si en cabine l'avion est surbooké, pas de panique, il y a toujours une solution ! Asseyez-vous comme ceci mesdames et si vous sentez vos jambes s'engourdir, **faites de petits mouvements de haut en bas. Si l'assise devient trop dure, ralentissez !**

Si en cabine votre masque à oxygène est défectueux, n'hésitez pas à vous rendre directement aux toilettes accompagné(e). Placez vous comme sur les dessins et détendez-vous...

En avion, il est important d'avoir les mains propres et de se les laver en toutes circonstances...

L'avion est l'un des meilleurs endroits pour rencontrer des gens. Pour faire monter ce désir d'amitié, laissez vos mains explorer les endroits chauds et humides de la cabine.

Il est très fréquent d'avoir peur en avion. Si c'est votre cas, enfermez-vous dans les WC et tentez de vous rassurer avec l'un des passagers qui serait éventuellement dans le même état que vous !

POURQUOI FAIRE L'AMOUR EN AVION ?

De source sûre, on ressent plus de sensations, de plaisir et d'extase parmi les nuages... C'est en fait, il semblerait, dû au manque d'oxygène et à toutes les vibrations ressenties créées par l'avion. Alors ? Ca vous dit de vous envoyer en l'air avec moi ?

QUE RISQUE-T-ON A ATTEINDRE LE 7EME CIEL ?

10% des français s'envoie en l'air chaque année dans un avion ! Cependant, que risquez-vous à le faire ? Si l'on vous surprend en pleine extase, vous pouvez être condamné(e) à un an d'emprisonnement et jusqu'à 15 000 euros d'amende. Sachez tout de même que la plupart du temps, l'acte reste impuni.

Si vous avez un gros ventre, c'est peut être que vous buvez beaucoup de bière ou que vous êtes enceinte … ! Bref, être enceinte n'est pas une maladie, et vous pouvez prendre l'avion. Bien évidemment, un avis médical avant de partir est toujours le bienvenue...

VOICI UNE CHECK-LIST POUR VOUS LES FUTURES MAMANS !

1. Choisir la meilleure destination

Si vous avez le choix, envolez-vous vers des destinations proches suivant l'avancée de votre grossesse. Evitez les pays où des vaccins sont obligatoires ou des pays où vous risquez d'attraper certaines maladies comme le palu. Un Paris/Melun, c'est parfait et dépaysant quand même !

2. Prendre son carnet de santé

Avoir votre carnet de santé vous rassurera en cas de soucis.

3. Prévoir une trousse à pharmacie adaptée

Dans votre trousse, pensez à de la crème solaire, des compresses et du désinfectant. Prenez également des médicaments contre les douleurs, les maux de tête, la diarrhée, les piqûres de moustiques, les brûlures d'estomac... Vous me direz, si vous avez tous ces maux en même temps, vous risquez de gâcher les vacances de tout le monde !

4. Vérifier auprès de la compagnie si vous pouvez voyager

En effet, suivant les compagnies, la réglementation diffère. En général, vous pouvez voler jusqu'à 7 voire 8 mois de grossesse.

5. Acheter de l'eau et prévoir des en-cas

Et oui, on vous connait mesdames, quand vous êtes enceinte, vous ne mangez pas, vous dévorez... alors, embarquez avec vous ce que vous aimez grignoter. Avec l'altitude, le corps se déshydrate, donc buvez... de l'eau surtout !

6. Pensez à vos bas de contention

Il faut être à l'aise en avion, encore plus enceinte. Pensez à acheter des bas de contention, ça vous évitera d'être encore plus gonflée que vous ne l'êtes déjà ! Plus sérieusement, c'est très efficace pour les jambes gonflée et la mauvaise circulation sanguine.

ACCOUCHER EN AVION

Chaque année, il arrive fréquemment que des bébés naissent en vol. Soyez rassurées mesdames, ça se passe bien à chaque fois... pour l'instant ! Par contre, je vous le dis tout de suite, n'essayez pas d'accoucher exprès en vol pour obtenir des voyages gratuits... ça ne se fait pas, c'est un mythe ! Donc, pas de billets gratuits chez Ibéria, ni chez Air France, ni du côté de British Airways ou de American Airlines... Le bébé a déjà droit à un vol gratuit jusqu'à la maternité, faut pas exagérer !

PRENDRE L'AVION AVEC UN BEBE OU UN ENFANT...

AVEC UN BEBE EN AVION...

Et bien ça y est ! Bébé est né et vous effectuez votre premier voyage avec lui ! Joie et bonheur pour les voisins ! Voici quelques conseils pour que tout se passe bien... ou pas !

1. Prendre des vols directs
2. Réserver des vols tôt le matin ou très tard le soir
3. Réserver en amont une nacelle ou un petit lit
4. Prendre un siège près du hublot pour divertir bébé
5. Changer bébé avant le décollage (c'est mieux pour tout le monde !)
6. Faire manger bébé avant le décollage
7. Prendre des habits de rechange pour vous et bébé
8. Dégourdir et occuper bébé en le faisant marcher dans les allées
9. Avoir un sac à langer pratique et étanche
10. Prendre des jouets peu bruyants (pensez aux voisins !)
11. Rester calme pendant tout le vol
12. Ne pas oublier le doudou ou la tétine, sinon...

AVEC UN ENFANT EN AVION...

Pour les enfants un peu plus grands, c'est un peu plus simple... ! Quoi que !

1. Penser à des collations...
2. ...et à des sacs à vomi pour après, on ne sait jamais !
3. Prendre des chewing gums pour les maux d'oreilles
4. Prendre un sac de jeux (avec cartes, consoles etc..)
5. Prendre des livres
6. Prendre des cahiers à colorier (avec des feutres, c'est mieux !)
7. Prendre des cahier de jeux
8. Prendre un lecteur MP3 ou votre téléphone pour écouter de la musique
9. Prendre votre ordinateur pour regarder des films ou des dessins animés
10. Choisir le siège près du hublot
11. Prévoir un petit coussin ou oreiller pour dormir
12. Prévoir des somnifères... non je plaisante !

PRENDRE L'AVION AVEC UNE PERSONNE AGÉE...

Pas mal de familles voyagent avec une ou des personnes agées. Comment ça se fait me direz-vous ? Et bien, ils n'ont soit pas eu le choix, pas trouvé ~~de chenil~~ de personnes pour les garder ou bien par necessité aux vues des tarifs exhorbitants pratiqués par les compagnies aériennes et les hôtels de luxe !

Si vos grands-parents ou arrières grands-parents voyagent en avion avec vous, voici quelques conseils... pour s'en débarrasser et passer d'excellentes vacances... à leur santé !

1. Veiller à ce que la personne agée oublie de prendre ses cachets pour le cœur ou son diabète quelques jours avant le décollage.
2. Préférer un vol long courrier, plus fatigant à cause de la pressurisation, surtout avec une faiblesse au niveau du cœur, de la circulation sanguine ou des poumons.
3. Préférer un vol long courrier qui multiplie par quatre les risques de thrombo-embolies veineuses.
4. Percer les bas de contention de votre aïeul pour une mauvaise circulation sanguine.
5. Attacher fermement votre personne agée à son siège pour qu'elle ne puisse pas se dégourdir les jambes et qu'elle ait des fourmies dans les pieds !
6. Assoiffer votre personne agée afin qu'elle se deshydrate plus rapidement !
7. Diriger toutes les aérations vers votre personne agée afin qu'elle récupère tous les microbes.
8. Bref, si c'est trop compliqué, placer votre personne agée en soute, dans une magnifique cage à la place de votre chien.

PRENDRE L'AVION AVEC UN ANIMAL

AVEC UN CHAT OU CHIEN EN AVION...

Quand on voyage, on aime avoir nos amis à quatre pattes avec nous. Je ne parle pas des hommes mesdames, mais bien de nos animaux de compagnie... c'est presque pareil me direz-vous ! Bref ! Et bien, en avion, c'est possible ! Ils sont d'ailleurs la plupart du temps beaucoup mieux élevés et moins bruyants que les enfants ! C'est décidé, avant le vol, abandonnez votre enfant et adoptez un chien !

Dans le cas ou votre animal soit obligé de voyager en soute, il vous faut une cage de transport pour chat ou pour chien homologuée IATA (International Air Transport Association). Voici les normes :

- La coque de la caisse doit être en fibre de verre ou en plastique rigide maintenue par des boulons
- S'il y a des roulettes, il faut les bloquer ou les enlever
- La porte de la caisse doit se verrouiller en haut et en bas en même temps
- L'animal doit pouvoir se tenir debout sans toucher le haut avec sa tête, il doit pouvoir se tourner et s'allonger facilement

Si votre animal voyage en soute, pensez à voir votre vétérinaire avant le vol. En effet, le bruit et l'air frais de la soute peuvent traumatiser l'animal ; un petit calmant peut être bénéfique pour lui. Le voyage en soute a également un coût et peut aller jusqu'à 300 euros, suivant les compagnies et la taille de votre animal.

Avant de prendre un vol et d'être en cabine avec votre animal, vérifiez les conditions et les coûts des compagnies. En général, le poids de votre animal ne doit pas dépasser 8 kilos (10 kilos sur Air Canada et Transavia). Sur certaines compagnies, les chiens et chats sont interdits en cabine ; c'est le cas par exemple sur Air Asia (mange-t-on en revanche des « hot-dog » dans les plateaux repas ?) , ou sur Emirates, qui par contre accepte les faucons (et les vrais...) ! Si vous avez un furet comme animal de compagnie, prenez Aegean Airlines !

En voyage, ne pas oublier :
- Le carnet de santé de l'animal
- Des médicaments pour votre chien ou chat (calmant, anti-vomitif, anti-dhiarréique...)
- Des serviettes en papier, sac poubelle...
- Lingettes nettoyantes
- Petits gâteaux pour chien ou chat
- Un jouet pour rassurer votre chien ou chat

ANIMAL DE SOUTIEN EMOTIONNEL... (EMOTIONAL SUPPORT ANIMAL)

Une dinde, un cochon, un canard et même un poney en avion… Un nouveau film américain ? Non ! Ca s'appelle avoir un animal de soutien emotionnel, emotional support animal en anglais… ! En effet, la loi de 1986 sur le transport aérien interdit de discriminer les voyageurs handicapés qui ont besoin d'être accompagnés par un animal d'assistance ; ces animaux sont donc embarqués pour des raisons thérapeutiques car ils font diminuer le stress et les symptomes du patient ! Pour info, un animal de soutien, quel qu'il soit, est en général prescrit par un médecin. Petit conseil, choisissez bien votre animal, tous ne peuvent pas voyager facilement.

COMMENT ÊTRE SURCLASSÉ À COUP SÛR !

Vous en avez marre d'être en classe éco ? Vous souhaitez voyager en business voire en première et profiter de tous pleins d'avantages ? C'est peut être faisable… ne perdez pas espoir et suivez ces conseils !

✈ Soyez beau !
L'habit ne fait pas le moine, mais il peut aider à obtenir ce que l'on souhaite ! En effet, vêtu d'une tenue chic ou d'affaires, le Figaro dans une main, une malette, même vide, dans l'autre main, ça peut vous mener au succès ! N'oubliez pas également la coiffure, le maquillage pour mesdames, le parfum envoûtant pour messieurs, ainsi que le sourire 100% bright !

✈ Soyez gros !
Et bien, être enrobé peut être la clé de tous vos maux ! Si vous remarquez que l'avion n'est pas plein, vous pouvez indiquer à l'hôtesse que vous vous sentez à l'étroit dans votre siège et que s'il y avait une place en business disponible, vous ne seriez pas contre ! Un conseil, arrêtez vos régimes !

✈ Soyez grand !
Les places en classe économique sont assez petites (l'espace pour les jambes est de 77 cm à 84 cm suivant les compagnies), résultat, si vous être grand, voire très grand, vous risquez d'être plié en quatre ! Apitoyez le personnel navigant sur votre sort et avec un peu de chance, à vous le surclassement !

✈ Soyez gentil !
Et oui, être aimable et courtois avec le personnel navigant à l'arrivée dans l'avion mais également avec les passagers qui veulent parfois changer de place, peut vous valoir un surclassement en le demandant tout simplement. Vous le savez depuis tout petit à l'école, être un peu fayot, c'est payant !

✈ Soyez triste !
Si vous êtes comédien dans l'âme, il est temps de passer à l'action ! Soyez triste, inventez-vous un drame familial, pleurez, soyez désespéré, faites du chantage affectif au steward… par gentillesse ou peur que vous ne fassiez pleurer tout le monde, il est possible que vous atteigniez le graal : la business classe ou la première ! Si c'est le cas, n'explosez pas de joie en vous asseyant dans l'immense siège, une coupe de champagne à la main, sinon, votre couverture sera grillée !

✈ Soyez plein d'idées !
Allez, avant de partir, je propose un atelier plâtre ou un atelier coussin ! En effet, une jambe plâtrée bien droite ou un ventre rond de femme enceinte peuvent être une bonne idée pour vous faire surclasser. Pour le plâtre, misez sur la jambe plutôt que le bras !

✈ Soyez ponctuel ou en retard !
L'avenir appartient à ceux qui arrivent tôt à l'aéroport ! En effet, il est possible qu'il y ait encore une ou deux places de libres en business, alors donnez vous les moyens de l'obtenir

et arrivez minimum 5 heures avant l'heure prévue pour l'enregistrement. L'avantage c'est que vous pouvez vous renseigner rapidement sur les places disponibles surclassées. A contrario, arriver en retard sans vous être enregistré au préalable avec un vol assez plein, peut vous permettre d'être assis en classe supérieur… mais c'est dangereux ! Vous préférez pas rester en éco ? On y est bien et on se tient chaud !

✈ Soyez intéressé !
En ayant des amis dans le milieu de l'air, comme des hôtesses, des pilotes ou des stewards, vous aurez la possibilité de faire jouer ses relations pour obtenir de nombreux avantages ! Un conseil, si ce n'est pas le cas, changez d'amis !

✈ Soyez diplomate !
Vous ne le savez peut être pas, mais détenir un passeport diplomatique c'est détenir une baguette magique ! Alors, dépêchez-vous de trouver ou même de vous marier avec un ou une diplomate pour voyager à vos côtés…

✈ Soyez geek !
Pensez à bien vérifier vos mails la veille et le jour du départ ; en effet, certaines compagnies dont les vols ne sont pas remplis, proposent des surclassements de dernière minute à prix cassés. Ce serait dommage de ne pas en profiter !

✈ Soyez fidèle !
Pour être surclassé, la fidélité est une bonne idée. Abonnez-vous aux programmes de fidélité des compagnies aériennes que vous utilisez en général afin d'obtenir des points, des miles ou des avantages. Après quelques vols, c'est certain, vous serez tranquillement installé dans un gros fauteuil en business avec une coupe de champagne ! A tester aussi avec votre femme… la fidélité !

CE QU'IL FAUT ÉVITER EN AVION...OU PAS !

A quelques jours ou quelques mois de prendre l'avion, il est préférable de savoir ce qu'il faut faire ou ne pas faire en avion... Tout d'abord, éviter de prier à voix haute... Ca pourrait faire peur aux gens. De toutes manières, en cas de crash, Dieu ne pourra rien pour vous !

Essayez de vous renseignez sur le pilote... on ne sait jamais, il pourrait être en dépression ! Dans ce cas, prenez le train... ah non, ils sont encore en grève... les Autolib' c'est terminé, les Vélib' introuvables... bon bah courage !

Autre conseil... évitez de boire de l'alcool car le corps réagit mal parfois avec l'altitude... les effets de l'alcool en avion peuvent être multipliés d'une fois et demie à trois fois, par rapport à une consommation sur Terre. Alcoolisé, vous risquez de perdre les pédales et de vous retrouvez débarqué d'un avion illico-presto comme Joeystarr, Courtney Love, David Hasseloff, Kate Moss... Oh ! Au final, c'est plutôt classe !

N'oubliez pas, avec l'altitude, le corps réagit. En effet, dans les airs, la pression diminue et le volume des gaz augmente. Résultat, votre colon n'est pas épargné, vous avez mal au ventre, des ballonnements et vous ressentez l'envie de flatuler à outrance. Merci de vous retenir. Ce

---

L'astuce insolite

Bon, si vous ne pouvez vraiment pas vous retenir de péter car ça vous provoque des brulures d'estomac... lâchez-vous... vous me direz, si tout le monde s'y met on ne blamera personne en particulier pour l'odeur ! Et oui... l'odeur... et bien voici une solution pour vous, tout droit venue d'Angleterre... les sous-vêtements et vêtements spéciaux anti-odeurs de flatulences ! Il n'y avait que les anglais pour le faire ! La marque Shreddies propose toute une gamme qui ravira certains pétomen et pétowomen ! En effet, les sous-vêtements et vêtements sont faits en Zorflex, un tissu à base de charbon actif qui absorbe de grosses odeurs. Un maxi « Fébrèze », en fait. Culottes, boxers, pyjamas, jeans, vous trouverez tout ce qu'il vous faut pour péter à votre convenance !

Pour se les procurer : https://www.myshreddies.com au prix de 20 euros la culotte.

LA PROPRETE EN AVION

À votre place, je ne boirai ni café, ni thé ou autre boisson chaude en avion... Si votre café n'a pas le même goût en vol, vous vous dites certainement que c'est dû à la pressurisation de la cabine qui fait gonfler les muqueuses et bloque le goût et les odeurs de 30% environs... Oui... mais pas que ! En effet, pour vous préparer un thé bien chaud, un café bien goûtu ou un délicieux chocolat, le personnel navigant utilise l'eau du robinet de l'avion. Cette eau est stockée dans des cuves pas toujours très propres où se forment des bactéries et des coliformes. Sur des vols commerciaux, le pourcentage peut s'élever à hauteur de 12%, ce qui est énorme... Alors oui, qu'est-ce qu'un coliforme allez-vous me demander ? Et bien c'est une bactérie qui provient des matières fécales, donc à éviter ! Prenez un jus en bouteille la prochaine fois ! D'ailleurs, c'est la même eau avec laquelle vous vous lavez les mains dans les toilettes de l'avion... Vos mains sont donc plus salles une fois lavées...

Vous êtes-vous posé la question de savoir si les couvertures, les oreillers et autres écouteurs étaient neufs ? Vous savez, ces petits écouteurs en plastique et en mousse que vous trouvez en général emballés et posés sur votre siège en montant dans l'avion... et bien ils ont déjà servis... Après chaque vol, les PNC les récupèrent, et ils sont « nettoyés », et « ré-emballés ». Alors, après tout ça, si vous n'êtes pas malade en sortant de l'avion, c'est que vous avez un très bon karma !

POURQUOI FAIT-IL FROID EN AVION ?

En cabine, assis des heures à votre place, vous avez déjà dû remarquer qu'il faisait frais, voire froid. Cela vient du système d'aération. En effet, un avion commercial en vol doit fournir de l'oxygène aux passagers (pour éventuellement leur permettre de respirer... c'est mieux !). Les avions sont donc équipés d'un système de filtre à air qui renouvelle l'air très régulièrement – toutes les deux à quatre minutes – avec un grand débit. L'air provient donc de l'extérieur et il est mélangé à de l'air recyclé et filtré pour être ensuite relancé en cabine. Qui dit extérieur, dit températures très froides, puisqu'en général un avion vole à 10 000 mètres d'altitude. Il serait bien trop couteux de réchauffer l'air... voilà pourquoi il fait frais en cabine ! Résultat, ayez toujours à portée de main un pull ou une petite couverture pour un meilleur confort lors de votre voyage. Si votre voisin est beau, vous pouvez également lui demander de vous réchauffer. Vérifiez quand même avant s'il est accompagné...

COMMENT BIEN DORMIR EN AVION ?

Dans les avions en classe économique, il est parfois difficile de vraiment dormir… mais nous allons tenter de trouver des astuces !

1. Prenez un coussin gonflable pour votre cou !
2. Essayez de surélever vos jambes pour une meilleure circulation sanguine.
3. Prenez un masque de nuit et des boules Quiès.
4. Ne mangez pas trop lourd ou trop sucré juste avant !
5. Si vous êtes près du hublot, calez-vous contre ce dernier.
6. Utilisez la tablette devant vous et mettez votre tête dans les bras comme à l'école enfant !
7. Si vous êtes en couple, posez votre tête sur son épaule. Ca marche aussi avec des inconnus… ou pas !
8. Recroquevillez-vous sur votre siège en position fœtus.
9. Si l'avion n'est pas trop plein, allongez-vous sur deux ou trois sièges en prenant soin d'enfouir les ceintures de sécurité entre chaque siège. Attachez-vous quand même !

L'astuce insolite

Pour essayer de dormir comme un bébé, je vous propose 2 inventions extraordinaires :
- *le Ostrichpillow*
- *le Woollip*

Pour se les procurer :

https://ostrichpillow.com/products/ostrichpillow-original au prix de 90 euros environs
https://woollip.com/fr/#product au prix de 49 euros

Ostrichpillow   *Woollip*

QUELS FILMS NE PAS REGARDER EN AVION ?

Afin de préparer votre voyage au mieux, pensez à prendre votre ordinateur et des films avec vous. Le temps passera plus vite ! Cependant, certains films sont à déconseiller pour éviter une crise d'angoisse. Par exemple, « Des serpents dans l'avion » raconte l'invasion terrifiante de serpents dans un avion. Ca donne froid dans le dos. Il y a également « Des fourmis dans l'avion » qui raconte l'invasion terrifiante de fourmis dans un avion. Vous avez également « Des zombies dans l'avion » qui raconte... bon vous l'aurez compris... l'invasion terrifiante de zombies dans un avion. Si vous aimez les films qui se déroulent dans un avion, préférez des comédies et des comédies françaises de surcroit ! Bah oui, comme « Low Cost », de Maurice Barthélémy, avec Jean Paul Rouve, Judith Godrèche et Gérard Darmon... un film...qui porte bien son nom !

Alors, pour vous mettre dans l'ambiance de votre futur voyage ou pour que le vol passe plus vite, voici une sélection de films, de séries et de livres !

PETIT CHOIX DE FILMS QUI SE DEROULENT EN AVION

Beaucoup de films ont pour décor l'avion. Voici une petite sélection, non exhaustive bien évidemment !

Pour ceux qui aiment avoir peur, je vous conseille, « **En quarantaine 2 : Le terminal** », « **407 Dark Flight** », « **Vol7500, aller sans retour** », « **Airborne** »... et tant d'autres !

Les fans de thriller et d'action trouveront leur bonheur dans : « **Red Eye, sous haute pression** », « **Les ailes de l'enfer** », « **Air Force One** », « **Turbulences en plein vol** », « **Top gun** », « **Non stop** » ou encore « **Flight Plan** ».

Pour les amoureux d'histoires vraies, ce sera plutôt « **Les chevaliers du ciel** », « **Aviator** », « **Sully** », « **Les survivants** », ou même « **Vol93** ».

Et si vous voulez vous détendre et rire, regardez « **Y-a-t-il un pilote dans l'avion ?** », « **Soul Plane** », « **Larry Gaye : hôtesse de l'air** », « **Hot shots** » et aussi « **Les amants passagers** ».

PETIT CHOIX DE SERIES QUI SE JOUENT DANS UN AVION

Quelques séries ont comme arène, c'est-à-dire de lieu de jeu, l'avion. C'est le cas pour « **Pan Am** » qui retrace l'histoire de la compagnie aérienne Pan American World Airways à son apogée dans les années 60, « **Les têtes brûlées** » avec Pappy Boyington qui se déroule pendant la Seconde Guerre Mondiale, « **Come fly with me** » un mockumentary (un faux documentaire) de la BBC sur le milieu aérien, ou encore « **LA to Végas** » une sitcom qui retrace le voyage quotidien d'un avion de Los Angeles à Las Vegas.

PETIT CHOIX DE LIVRES/BD QUI SE PASSENT EN AVION

Beaucoup de livres ou de romans existent sur les avions avec comme fond d'intrigue le milieu aérien. Pour revivre de vraies histoires et comprendre tout ce qui concerne le monde de l'avion, je vous conseille vivement tous les livres de Jean-Pierre Otelli. Ce pilote qui a volé plus de 13 000 heures, a écrit plus d'une trentaine d'ouvrages tels que « Erreurs de pilotage », « Le secret des boîtes noires », « Catastrophes aériennes », « Les miraculés du ciel »... Vous serez littéralement plongé au cœur de l'action avec les tenants et les aboutissants des décisions prises sur le vif en cas de problèmes ou d'accidents.

Pour un ton plus léger, il y a également quelques livres écrits la plupart du temps par d'anciennes hôtesses ou stewards qui nous racontent la vie en vol sous couvert d'humour... comme par exemple « Ma vie d'hôtesse de l'air », « Le journal de bord d'une hôtesses de l'air », « « Vols de merde », « Attachez vos ceintures, décollage immédiat », ou encore « Oups on a oublié de sortir le train d'atterrissage » !

La bande dessinnée n'est pas en reste, avec la fameuse « Natacha, hôtesse de l'air » une hôtesse de l'air sexy et débrouillarde. Vous trouverez plus d'une vingtaine d'albums retraçant ses histoires. Toujours dans le registre humoristique, cette fois-ci en anglais, j'ai un coup de cœur pour « Jetlagged Comic » crée par Kelly Kincaid, qui a sorti 2 livres « Airplane Mode » et « Jetway Reunion ». C'est drôle et frais. Chaque gag est fait en une vignette et on suit les membres d'un équipage. Jetez un œil : https://www.jetlaggedcomic.com

8 QUESTIONS QUE TOUT LE MONDE SE POSE !

Voici huit questions que tout le monde se pose et qui n'ont jamais de réponse ! Dès à présent, vous aurez des réponses !

POURQUOI LES ATTERRISSAGES SONT SOUVENT BRUTAUX ?

Oui, avez-vous reparqué que très souvent, les atterrissages sont brutaux ? Vous vous dites que vous êtes sur du low cost et donc que le pilote est apprenti ou encore en grève… et bien non, c'est fait exprès ! La plupart du temps, on ressent encore plus un atterrissage qui secoue quand il pleut fort et que l'eau a envahi la piste … Pour éviter un aquaplanning, il est recommandé aux pilotes d'atterrir brutalement pour que les roues du train collent le plus rapidement possible à l'asphalte. La devise des pilotes ? « *Un atterrissage n'est finalement rien d'autre qu'un crash contrôlé !* » Sympa comme devise non ?!

POURQUOI BAISSE-T-ON LES LUMIERES LORS DES ATTERRISSAGES NOCTURNES ?

La raison est simple, il est plus facile de vous faire évacuer un avion en urgence en cas de soucis à l'atterrissage (aquaplaning, sortie de piste, explosion…) si vos yeux sont dès le départ plongés dans la pénombre. Le but étant de repérer rapidement les panneaux « Exit » (sorties de secours) et de sortir rapidement pour se diriger vers un endroit sûr. Alors, rassurés ?!

POURQUOI N'Y-A-T-IL PAS DE PARACHUTE ?

C'est vrai ça… on a tous un gilet mais pas de parachute… Eh bien, c'est ultra logique en fait. Pour pouvoir sauter en parachute seul, vous devez déjà avoir pratiqué cette discipline. Les gestes, la concentration et la technique ne s'inventent pas. De plus, lorsqu'on saute en parachute, il faut certaines conditions (basse altitude et faible vitesse) ce qui n'est absolument pas le cas à bord d'un avion. Par ailleurs, bien que ce soit impossible, si vous arriviez à ouvrir la porte, le froid à l'extérieur qui peut atteindre -60 degrés bloquerait votre système respiratoire et vous ferait mourir sur le champs. Autre problème, en ouvrant la porte, toute la cabine serait aspirée à l'extérieur… Vous l'aurez compris, mieux vaut rester attaché à sa place et attendre sagement le crash !

OU SONT DEVERSES NOS EXCREMENTS ?

On pense tous qu'en tirant la chasse d'eau dans l'avion, notre petit caca est rejeté dans les airs ! Et bien non ! Vous imaginez vous si c'était le cas ? Beurk ! En fait, tout est stocké dans une cuve, qui est vidangée lorsque l'avion se pose sur la tarmac. Soulagé ? En même temps, il y a encore quelques années, les fuites étaient monnaie courante… ah, c'était donc ça !

PEUT-ON OUVRIR LA PORTE D'UN AVION EN PLEIN VOL ?

A très haute altitude, la pression de la cabine est largement supérieure à la pression extérieure… Résultat, il est impossible d'ouvrir les portes. Donc, si vous aviez envie de prendre l'air, il va falloir être patient ou ouvrir le hublot ! Non, c'est une blague, n'essayez pas !

POURQUOI LES HUBLOTS SONT OVALES AVEC UN TROU ?

La forme ovale des hublots permet de répartir la pression dans la cabine afin d'éviter tout problème. En effet, dans les années 50, certains avions avaient des hublots carrés... ne tenant pas la pression, ils se fissuraient, provoquant parfois des crashs.

Et en ce qui concerne le petit trou dans le hublot ? Quoi ? Un trou ? Quel trou ? Et oui, en bas de chaque hublot se trouve un minuscule trou qui n'est pas une malfaçon ni une détérioration ! En fait, un hublot est fait de plusieurs vitres, trois au total. La première, en plastique, se trouve à l'intérieur. Les autres sont en verre. Le trou permet de rediriger la pression qui se trouve à l'intérieur de la cabine directement vers l'extérieur. C'est une sécurité indispensable pour éviter des fissures sur la vitre en verre. Vous avez eu peur hein ?!

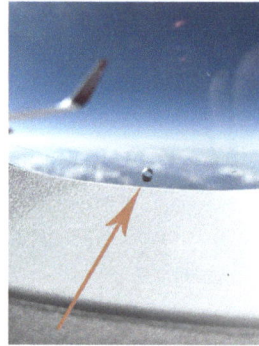

POURQUOI LES BOITES NOIRES SONT-ELLES ORANGES ?

Est-ce la nouvelle mode « Orange is the new black » ? Pas vraiment ! Les boîtes sont appelées « noires » car elles sont cryptées et lisibles uniquement par des spécialistes. Elles sont de couleur orange fluo avec des bandes blanches réfléchissantes pour être plus facilement trouvables après un crash.

POURQUOI BOIT-ON TOUJOURS DES JUS DE TOMATES EN AVION ?

Sur la terre ferme, personne ne boit de jus de tomates... alors, pour écouler leurs jus, les fabricants ont comploté avec les compagnies aériennes... et oui, comme en vol le palais perd presque 20% de sensation gustative, c'est le jus que l'on commande à coup sûr ! Plus salé, plus goûtu, c'est un bon substitut à un repas, surtout dans les compagnies low-cost ou il n'y en a pas !

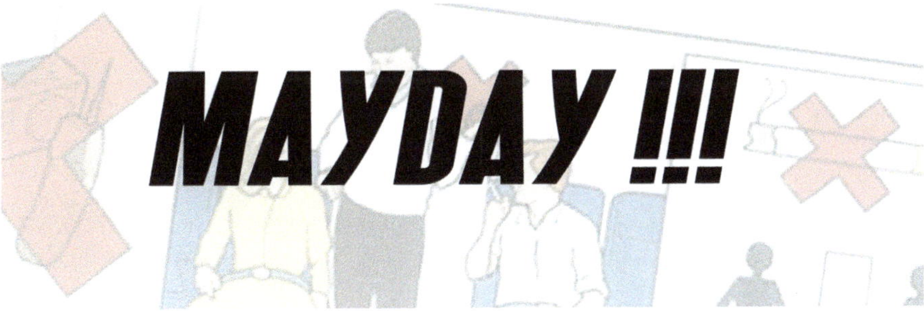
MAYDAY !!!

LES CONSIGNES DE SECURITE

GILETS DE SAUVETAGE

Tout d'abord, à chaque fois que vous êtes assis à votre place, vérifier sous votre siège qu'il y ait bien le gilet de sauvetage. Beaucoup de passagers les volent en guise de souvenir. Si le vôtre a disparu… prenez celui du voisin.

MASQUES A OXYGENE

Connaissez-vous la vérité sur les fameux masques à oxygène ? Lorsque la cabine se dépressurise, c'est-à-dire que la pression atmosphérique dans l'avion diminue et que l'oxygène commence à manquer, un masque jaune tombe au dessus de votre tête. Vous devez tirez dessus et le placer sur votre visage pour respirer – une quinzaine de minutes maximum. C'est tout. Par contre rassurez-vous : 15 minutes c'est le temps nécessaire pour que le commandant puisse placer l'avion à la bonne altitude ce qui permettra à tout le monde de pouvoir respirer sans problème. Enfin… si lui aussi a réussi à mettre son masque… Et oui, en altitude, on ne dispose seulement que de quelques instants avant de s'évanouir si on ne met pas immédiatement le masque. C'est d'ailleurs la raison pour laquelle on doit dans un premier temps enfiler son masque à oxygène puis aider ceux qui n'y arrivent pas comme les personnes plus âgées ou les enfants. Remarquez, si vos enfants perdent connaissance quelques instants, ne vous angoissez pas, vous aurez enfin de vraies vacances ! Profitez en !

CONSIGNES DE SECURITE

Ce vol est naturiste, les chaussures et vêtements sont interdits.

Il est possible que le voyage se fasse par la mer et non le ciel.

Ceci est une flèche verte.

Si votre voisin est nain, aidez-le à attraper son masque.

Si vous ne savez pas si votre voisin est un homme ou une femme, regardez à cet endroit.

Pour déterminer la tendance sexuelle du commandant, regardez la couleur de son gilet de sauvetage.

Si vous avez chaud, ouvrez la porte pour prendre l'air.

La cigarette est interdite aux toilettes. En revanche la pipe est autorisée... avec modération !

Ne prenez pas de sac ou de valise jaune, c'est complètement démodé.

L'avion est interdit aux passagers has been qui ont ce genre de matériel.

En cas d'urgence, si vous devez évacuer l'avion, vous devrez lui passer sur le corps.

53

* Les dessins sont tous extraits de vraies consignes de sécurité - United Airlines, Air Transat, Olympic Airways, Ladeco et Air France.

ET SI ON MEURT EN AVION ?

En avion, certains font des demandes en mariage, d'autres accouchent et pour les plus malchanceux, ils décèdent en avion ! Et oui, on peut mourir en avion... Si c'est votre cas, histoire que vous sachiez ce qu'il va vous arriver... votre corps est placé parmi des sièges vacants, loins des autres passagers et recouvert dignement avec un drap. Si l'avion est plein, ça arrive, votre corps restera assis où il était, près de votre mari, d'un inconnu ou de vos enfants. Pour éviter de se retrouver dans cette situation, certaines compagnies mettent le corps du défunt dans une espèce de placard prévu en cas de décès. A l'inverses, quelques compagnies sont moins prévenantes, et installent le corps à l'intérieur des WC en mettant « Hors service » sur la porte. D'après IATA (l'Association internationale de transport aérien) il semblerait qu'une autre façon de voyager quand on meurt en vol soit envisageable... installer le corps en business ou en première, puisqu'il y a souvent des sièges libres. Dites, n'est-ce pas plus sympa de se retrouver surclassé en business à côté d'un mort qu'en éco, étouffé entre deux gros voisins à l'hygiène douteuse ? La question est posée !

OÙ FAUT-IL S'ASSEOIR EN AVION ?

Vous êtes-vous déjà demandé quel était le meilleur siège pour s'asseoir ?

Tout le monde rêve de voyager en première classe… Le vrombissement des moteurs est minime, les turbulences moins ressenties, on rentre et on sort en premier et sur certaines compagnies comme Emirates, on a des suites privées avec lit, un minibar et même une douche… C'est la classe… enfin… la classe ou tout le monde meurt à 100% en cas de crash ! Il faut bien une justice…

Vous l'aurez compris, l'avion est l'un des endroits où être pauvre à son petit avantage ! Par exemple, quand on est assis à côté du flanc arrière des ailes, on a 65% de chance de survivre à un crash. Ceux qui sont assis au-dessus des ailes, c'est 56%. A l'arrière de l'appareil, le chiffre augmente à 78% ! Alors, à l'arrière on meurt moins, mais le bruit du moteur est infernal, les cuisines sont juste à côté tout comme les toilettes. Remarquez, si vous faites des bêtises dans les toilettes, on ne vous entendra pas !

Pour ceux qui aiment voir le paysage, notez que les sièges à côté du hublot sont plus froids car il fait en général -65 degrés à l'extérieur ! Pour ne pas attraper froid, n'hésitez pas à demander une couverture à l'hôtesse. Grâce à la couverture, vous récupérerez sûrement d'autres microbes, mais vous ne serez pas enrhumé ! Ouf !

Pour les associables, ceux qui n'aiment personne, sachez que dans les rangées à 3 sièges, en général, personne ne réserve ceux du milieu. Vous savez ce qu'il vous reste à faire ! Pour être quasi sûr d'avoir le fauteuil du milieu vide, prenez les sièges aux deux extrémités. Vous aurez plus de place.

Enfin, si vous avez de grandes jambes ou que vous voulez plus d'espace, n'imaginez pas que les sièges près des issues de secours ou derrière les panneaux en plastique délimitant les classes sont votre graal… Il faut à tout prix éviter ces fauteuils, qui sont l'endroit préféré des parents qui ont des mômes mal élevés qui couinent et crient plus fort que les moteurs ! Ne comptez pas non plus sur vos boule Quiès, ni sur des somnifères… sauf si vous leur en donnez !

Pour jeter un œil sur votre place, 2 sites :
www.seatexpert.com
www.seatguru.com

Avant toute chose, voici un dépliant des consignes de sécurité – les vraies – de la compagnie Air France. Sur toutes les compagnies se trouvent des dépliants similaires. Lisez-les bien à chaque vol, car elles peuvent vous servir voire même vous sauver la vie.

Vous savez quoi ? Il est possible de survivre à un crash aérien. En effet, 95% des accidents d'avion ont des survivants ! Voici donc comment optimiser vos chances de survivre à un accident d'avion.

AVANT LE DECOLLAGE

1. Éviter les compagnies à risque

Avant de voyager, choisissez une compagnie bien notée. Voici un site qui vous y aidera : https://www.airhelp.com/fr/airhelp-score/classement-compagnies-aeriennes/

2. Utiliser la technique de l'onion

Tout d'abord, niveau vêtements, priviligiez les matières cotons, oubliez le synthétique qui vous collerait à la peau en cas d'incendie. Par ailleurs, enfilez plusieurs couches, technique de l'onion, qui vous protègera contre les brulûres et les coups. En même temps, trop de vêtements… ça risque de vous faire couler… A vous de voir !

3. Écouter les consignes de sécurité

Que vous voyagiez beaucoup en avion ou pas, personne n'écoute jamais les consignes et pourtant c'est essentiel... et c'est aussi LE petit moment des hôtesses et stewards ! Si vous n'y prêtez pas attention, comment allez vous savoir enfiler votre gilet si l'avion s'écrase dans l'océan ?

4. Lire les consignes de sécurité

Pour ceux qui ne m'ont pas écouté pour le petit 3. et bien cession de rattrapage ! Si le capitaine annonce que l'avion va bientôt toucher terre ou l'eau de manière impromptue, pas de panique, lisez le dépliant des consignes de sécurité devant vous placé dans la pochette ! Vous ne savez pas lire ? Pas de souci, il y a plein de dessins ! Ouf !

5. Repérer les issues de secours

Une fois assis à votre place, regardez autour de vous pour repérer les sorties de secours les plus proches. Pas la peine de retraverser tout l'avion pour sortir par l'avant là ou vous être entré... sauf si vraiment vous insistez... ou que c'est un défi personnel !

6. Attacher la ceinture de sécurité

Principe de base, dès que vous être assis dans votre siège, il faut que la ceinture soit tout le temps attachée et bien serrée. Ca donne un petit côté SM très appréciable ! Pour un peu que votre voisin ressemble à Christian Grey...

PENDANT LE VOL, EN CAS DE PROBLEMES...

7. Etre ordonné

Si le commandant annonce un possible impact, redressez votre siège et rangez les objets qui pourraient vous blesser. C'est important d'ordonner ses affaires avant de peut être mourir !

8. Faire une prière

Oui, une prière, ça peut être utile ! Pour info, c'est St-Joseph de Copertino le saint patron des aviateurs et des gens qui voyagent en avion. Non, ce n'est pas Saint-Exupéry !

9. Se détendre

C'est primordial... et pour vous aider, pourquoi ne pas chantonner une petite chanson de Jacques Dutronc...

« Toute ma vie, j'ai rêvé
D'être une hôtesse de l'air
Toute ma vie, j'ai rêvé
De voir le bas d'en haut
Tout ma vie, j'ai rêvé
D'avoir des talons hauts
Toute ma vie, j'ai rêvé
D'avoir, d'avoir
Les fesses en l'air »

10. Prendre la bonne position

Une minute avant l'impact, si vous entendez « « Brace, Brace, Brace » recroquevillez vous, croisez vos bras et appuyez votre tête sur le siège devant vous. Au moment ou l'avion va rentrer en collision avec le sol, raidissez-vous et écoutez les indications des hôtesses et stewards. Si aucune indication n'est donnée, c'est qu'ils sont peut être morts... courage !

11. Bouger rapidement

Après un accident, chaque seconde compte pour se diriger rapidement vers les sorties de secours. Soyez vif et maître de vos émotions. Si vos voisins sont mous, poussez-les d'un coup de pied, c'est quand même chacun pour sa peau !

APRÈS LE CRASH

12. Prendre le toboggan

Vous vous souvenez comment c'était fun le toboggan quand vous étiez petit ? Et bien là, c'est un peu pareil... le stress de mourir en plus ! En cas d'accidents, il est rare mais possible de faire évacuer les passagers par les toboggans, le tout en 90 secondes. Quand les portes sont armées comme il faut et qu'elles s'ouvrent, les toboggans se déploient naturellement... D'où l'importance du « PNC armement des toboggans » demandé par le commandant avant les décollages. Pour prendre les toboggans, laissez vos bagages et sacs, retirez vos chaussures à talons (pour ne pas percer le toboggan, il ne manquerait plus que ça !), habilllez-vous bien pour éviter des brûlures en glissant, et lancez vous, les bras bien droit en avant, assis pour vous réceptionner en bas. Une fois en bas, poussez-vous rapidement pour laisser descendre les autres passagers. Inutile de le demander, vous ne pourrez pas faire une deuxième descente, même si vous avez « kiffé » !

13. Mettre son gilet

Si l'avion amérie, c'est-à-dire qu'il atterrit dans l'eau, les toboggans se déploieront également pour se transformer en canots de sauvetage. Il vous faudra enfiler rapidement votre gilet de sauvetage et vous diriger calmement vers les sorties. Ne gonflez pas votre gilet avant d'être à l'extérieur de l'appareil... sinon vous ne passerez pas entre les sièges et l'eau qui va s'engouffrer dans la carlingue vous fera flotter vers le haut de la cabine, vous piégeant à l'intérieur... et vous coulerez... ce serait dommage après tant d'efforts !

14. Laisser ses affaires

En cas d'accident, de problèmes, on a tendance à vouloir prendre son sac ou ses affaires car ça nous rassure... et bien non ! Laissez tout derrière vous... allez, on lâche ce téléphone portable... J'ai dit on le lâche !

15. S'éloigner

Lorsque l'avion s'écrase, sortez le plus rapidement possible et éloignez vous le plus loin possible, minimum à 150 mètres de la carcasse de l'appareil. En effet, après le crash des explosions et des départs de feu peuvent survenir. Idem en mer, nagez le plus loin possible. Au moins vous ne serez pas brulé, juste mangé par les requins ! C'est beaucoup plus héroïque !

16. Attendre que les secours arrivent

Après un accident, évaluez vos ressentis si vous le pouvez. Etes vous accidenté ? Comment vous sentez-vous physiquement ? Moralement ? Si vous en avez la force, aidez et rassurez les passagers blessés, et si vous en êtes capable, prodiguez les gestes qui sauvent. Lancez-vous, je suis sûre que vous connaissez par cœur les épisodes d'Urgences et de Grey's Anatomy !

Et bien voilà ! Vous êtes arrivé à destination ! J'espère que ce vol s'est bien passé et que vous avez pu apprendre de nombreuses choses ! Je finirai ce livre avec cette citation de Loick Peyron :

« Le plus beau voyage, c'est celui que l'on n'a pas encore fait. »

QUI EST KARINE DE FALCHI ?!

La première fois que j'ai mis un pied sur un plateau, j'avais 15 ans, c'était sur « H », la sitcom de Canal+ avec Eric, Ramzy, Jamel ou encore Jean-Luc Bideau. Cette série était révolutionnaire en France car les techniques de tournage, d'écriture et d'organisation venaient tout droit des Etats-Unis. En effet, l'un des créateurs, Kader Aoun, était parti observer Outre Atlantique la manière de faire de Marta Kauffman, la créatrice de « Friends ». Première expérience pour moi et j'ai su... je voulais travailler en plateau, mettre en scène et créer des histoires, des séries !

Bien entendu, le chemin est long avant de pouvoir se lancer avec un beau projet de série pour le présenter à un producteur... surtout à 15 ans ! Alors, après des études d'audiovisuel au Canada, j'ai multiplié les expériences et développé mon côté touche-à-tout.

J'ai tout d'abord agrémenté mes études canadiennes par une formation d'assistante réalisateur, ce qui m'a permis d'intégrer de nombreux plateaux en tant que 3ème assistante ou renfort (3ème assistante de manière occasionnelle). J'ai ainsi travailler sur « Bambou » (Didier Bourdon), « Erreur de la banque en votre faveur » (réalisé par les scénaristes de « La Vérité si je mens »), « Gardiens de l'ordre » (Nicolas Boukhrief) ou encore « Monte Carlo » (produit par Nicole Kidman) pour ne citer que ces films.

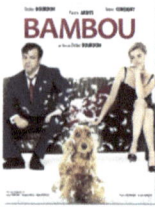

Je me suis ensuite intéressée à la radio et j'ai rejoint l'équipe de la matinale de RFM pendant 2 ans. La nuit je co-écrivais les textes de Jean-Luc Reichmann et je l'assistais pendant le direct de 6H à 9H tous les matins. Véritable challenge pour moi, non seulement au niveau de l'écriture et de la forme, puisqu'il fallait écrire des infos existantes avec un axe humoristique ou une touche de bonne humeur, mais aussi au niveau du ton étant donné que les textes étaient dits par un homme d'une quarantaine d'année. Durant la 2ème année de radio, j'ai eu en plus la responsabilité de m'occuper et de développer le blog de cette matinale. C'est à ce moment là que j'ai commencé à filmer les coulisses de la radio et donc à me servir d'une caméra, ce qui m'a entraînée par la suite à devenir JRIM (journaliste reporter d'images monteuse).

Pendant quelques temps, je me suis donc baladée avec caméra, micros, lumières pour réaliser des interviews pour différentes chaînes de télé comme « Filles TV », « NT1 » et « NRJ12 ». Ces multiples expériences m'ont amenée à la réalisation de 2 clips pour Matt Houston.

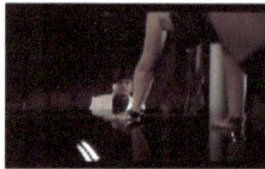

Par la suite, j'ai eu l'opportunité d'être réalisatrice en régie sur une chaîne de télé africaine/gabonaise, « Télésud », basée à Paris dans les locaux de Cognac Jay. Petite chaîne, petit budget, je gérais tout : les caméras plateaux via des remotes, le fond vert, les micros, les lancements sujets, les synthés (noms des personnes en incrustation...) Je m'occupais des directs, de certaines émissions enregistrées, du JT et des duplex. Je réalisais également les sketchs de l'humoriste de la chaîne et participais à leur écriture.

L'expérience suivante a été bénéfique, car tel un « showrunner » à l'américaine, je me suis retrouvée à la tête d'une émission quotidienne musicale sur France Ô (groupe France Télévisions) intitulée « Ô rendez-vous » présentée par Eddy Murté. Je m'occupais de l'émission de A à Z, à savoir de la programmation, des fiches animateur, du booking du lieu, des équipes, de la récupération des éléments (livres, DVD, CD...), du tournage, de l'oreillette animateur, de l'organisation, parfois des traductions, du montage et de la remise des PAD (Emissions prêtes à diffuser) au diffuseur. Chaque émission de 52 minutes avait 4 à 6 invités et 3 lives.

De France Ô, je suis passée à TF1 en intégrant la production d'Arthur et en revenant à la série et à la mise en scène ! J'ai travaillé sur une cinquantaine d'épisodes d'« Au nom de la vérité », format 26 minutes, en tant qu'assistante réalisateur.

Je travaille également sur de nombreux plateaux et émissions comme « Vendredi tout est permis », « Diversion », les émissions de Noël et du 31 d'Arthur, « Pas de ça entre nous », « Stars sous hypnose », « Finale de Koh Lanta », « Le grand concours des animateurs et des humoristes », « Salut les terriens » ...

En 2017, aux côtés d'Eddy Murté, j'ai également co-produit « Le Nouv'o Live », un divertissement musical de 2H30 pour Numéro 23, réalisé à l'occasion de la fête de la musique.

Parallèlement j'ai commencé à développer des projets, des émissions de flux, de divertissement et de séries !

En parlant de séries d'ailleurs, mon premier livre « Ecrire une série télé » aux éditions Eyrolles est disponible depuis le 1er avril 2016 dans leur collection « Les Ateliers d'écriture ».

https://www.eyrolles.com/Audiovisuel/Livre/ecrire-une-serie-tele-9782212563795

15 ans après mon stage sur «H», mes rêves plein la tête et des envies de voyages, j'ai écrit, réalisé et produit «Vol69», un programme court loufoque et décalé destiné à la télévision sur le milieu aérien. En recherche d'un diffuseur, ce projet est sélectionné dans plusieurs festivals et a d'ores et déjà remporté de nombreux prix.

@vol69laserie

Vol 69

Vol69 - la série

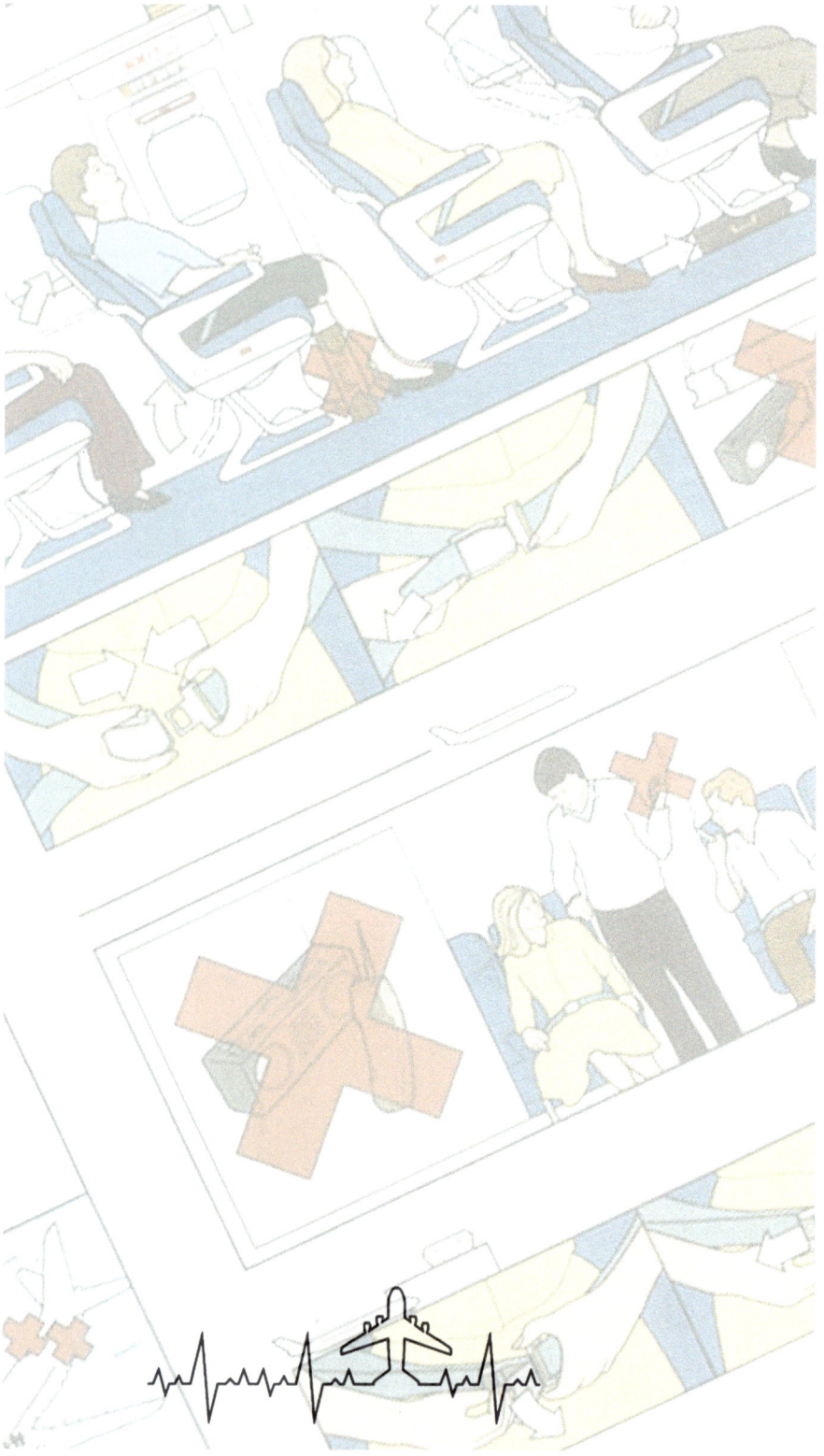

www.ingramcontent.com/pod-product-compliance
Lightning Source LLC
LaVergne TN
LVHW010016070426
835511LV00001B/3